最新
中文 SAT II
模拟试题

Chinese SAT II Simulated Tests

By Qian Wang

Free* 听力 *Downloads

Wang Academy

Description:

CHINESE SAT II SIMULATED TESTS, by Dr. Qian Wang, includes six full sets of simulated tests with answer keys and answer sheets. It provides a brief introduction on Chinese SAT II that covers the test formats, contents, and score calculation information. It also provides all written scripts for listening tests and free audio downloads. It is a practical and essential tool both for students who would like self-preparation for Chinese SAT II Test and teachers or parents who would like to help their students to prepare for Chinese SAT II Test.

Dr. Wang is a Chinese teacher with more than twenty years of Chinese teaching experiences. She helps lots of students to achieve high performance in Chinese SAT II Test every year. She generated this book from her long time accumulated teaching materials. She has been using this book to help her students focus on Chinese SAT II practice for many years. All her students have improved tremendously in both Chinese knowledge and Chinese SAT II Test skills.

This book is ideal for both native Chinese speakers and non-native speakers who would like to take Chinese SAT II Test.

Information about
Free 听力 *Downloads*

Within one month of purchase of the book, go to:
http://www.wangacademy.com/SATIIAudio/
User name: SATII
Password: ZXSATIIC12
After login, right click each audio file and then click "Save Target (or Link) As…" to download the listening materials for all six sets of Chinese SAT II Simulated Tests.

第三版说明

《最新中文 SAT II 模拟试题》于 2012 年 6 月 14 日在 Amazon.com 上首次上市电子版，几分钟后，便有人通过网络购买了此书。此后，关注该书的人越来越多。许多学生在购买了电子版后，向我索求传统的纸张版本。为满足学生、家长和老师的需要，为了我校学生更好地准备 11 月的考试，该书于当年的八月份推出了传统的纸张版本。为了区别这两个版本，原来的电子版《最新中文 SAT II 模拟试题》改为四套，仍由 Amazon.com 发行。纸张版本《最新中文 SAT II 模拟试题》仍为六套，在书店发行。

该书一上市，便得到了学生和老师的热烈欢迎。第一版的纸张版于 2014 年告罄，第二版的纸张版于 2016 年告罄。该书受欢迎的程度，实在令我感动。我想这本书连续脱销的原因大概有三：

1、随着中国的壮大强盛，在美国开设中文课程的高中学校愈来愈多，学习中文的学生越来越多，参加 SAT II 中文考试的学生也越来越多。那么，有关中文 SAT II 考试书籍的需求量显然处于日益上升的状态。

2、从出版时间上看，《最新中文 SAT II 模拟试题》名副其实成为了目前最新的一本试题集。自然成了宠儿，受到了大家的厚爱。

3、该书紧扣中文 SAT II 考试的难易程度，让学生获得有的放矢的有效训练。该书在编排上每一套试题均可独立使用，大大方便了学生的使用；所附的听力文本则更是方便了老师的使用。在编写中，无论中文还是英文，均用词准确语法规范。

尤为值得一提的是，该书是我多年教学训练的结晶，书中汇集了学生的常见错误，使老师在备考训练中能快速有效地提高学生成绩。很多中文基础不错的华裔学生，仅仅通过本书的反复练习，便在考试中取得了靓丽的成绩。为此，许多家长打电话发邮件向我报喜。

总而言之，学生、家长、老师的厚爱令我感动，让我开心，更促使我加倍努力！为方便学生和老师的使用，第二版《最新中文 SAT II 模拟试题》的听力部分特聘请专业人员录音和制作。根据老师和学生的反馈，第三版则加入了 SATII 中文常用词汇表，希望这些不断的改进能够更好地帮助学生和老师。

谬误不当之处，尚请赐教！垂函请至 wangacademyusa@gmail.com

王蒨博士
2016 年 1 月 25 日
电话：510-5730284
www.wangacademy.com

王蒨： 1994 年获得北京大学中文系文学博士。1998 年赴美前，任北京第二外国语学院中文系副教授，并被评为北京市优秀青年骨干教师。在美国拥有近二十年的中文教学经验，曾发表过多篇论文及学术专著，并出版过多种教学资料。多年来，她的学生在 SATII 中文和 AP 中文的考试中，均获得优异成绩，她被当地的电台、报纸等媒体称为“中文考试的权威老师”。目前居住在美国加州旧金山湾区，现为 WANG ACADEMY 资深中文教师。

前　言

SAT II 中文是美国大学理事会为高中生提供的一项展示其中文水平的语言考试。根据大学理事会的建议，参加 SAT II 中文考试的考生，至少应该具有两年以上的坚实的中文学习经历。只有几个月的中文学习经历者，将很难应付这项考试。随着中国的崛起，在美国开设中文课程的高中学校愈来愈多，每年参加 SAT II 中文考试的人数呈现出增长的趋势。

SAT II 中文考试每年十一月初举行。包括听力，语法和阅读理解三部分。考试时间为一个小时。其中，听力考试为二十分钟，语法和阅读理解为四十分钟。

听力考试共 30 道题目，分作两段，普通话是唯一的听力版本。听力部分的考试中，考官的讲话速度，较之与人们的日常对话语速，要缓慢一些。每题仅听一遍，题目的文本并不显示在考卷上。考试的内容涵盖了学生日常生活的方方面面。听力考试的第一部分，每题有三个可选答案，学生需根据上下内容或逻辑推理，判断出正确的答案。而听力考试的第二部分，每题则有四个可选答案。有些听力内容后面，伴有几道听力题目。考生须特别留意。

语法部分的考题有 25 道。该部分是以四种形式呈现在试卷上的，即繁体字，简体字，汉语拼音以及注音符号。每道题目及四个选项答案均是以这四种形式呈现的，学生只需要采用自己熟悉的文体形式来回答即可。该部分所测试的是汉语的语法、文法、短语、词汇等等，尤其是那些令外语学习者容易混淆的语法现象，汉语中某些独特用法，日常会话中的惯常用语，某些固定结构固定搭配等等。

阅读与理解的部分共计 30 道题目，以繁体字和简体字两种形式出现在试卷上。这部分重在考查学生的中文阅读与理解能力。考题以小段文字的形式，每篇短文之后有一至几道题目，每题有四个供选答案。该部分内容涉及学生日常生活衣食住行各方面，诸如便条，通知，日记，广告，简讯等等，多内容简洁，语言明了。

SAT II 中文考试的计分是 200 分—800 分。根据 SAT 考试的计分规定：凡答对的题目，均得一分。空缺未答的题目，均得 0 分。答错的题目中，凡属三个选项答案的题目，均得负二分之一分；凡属四个选项答案的题目，均得负三分之一分。学生的个人分数换算可参考美国大学理事会网站中所提供的分数换算表。

SAT II 中文考试每年只有一次，时间为十一月初。凡想参加考试的学生，须登陆美国大学理事会的网站报名，并确定具体的考试地点。考试时，考生需携带便携式 CD 播放机和一副耳机去考场。

在多年的教学实践中，我发现尽管学生有一定的中文学习经历，但若参加 SAT II 中文考试，仍需花费一些时间进行针对性训练。有鉴于此，我将多年的教学训练整理成册，整理过程之中，得到 Mandi 和 Alice 的鼎力协助，还有马君玉海先生的无私帮助，在此一并感谢之至！

希望这本试题集能有助于同行师友，有助于考生及家长。不当之处，尚请各位不吝赐教！垂函请至 wangacademyusa@gmail.com

王蒨博士
Wang Academy
www.wangacademy.com

Table of Contents

SAT II Chinese Simulated Test One
Section I: Listening Comprehension

PART A

Directions: In this section you will hear short questions, statements or exchanges in Mandarin Chinese followed by three responses designated (A), (B), and (C). You will hear both the selections and responses only once and they are not printed in your test booklet. Therefore, you must listen very carefully. Choose the best response to the selection given and fill in the corresponding oval on your answer sheet.

Question 1 (A) (B) (C)

Question 2 (A) (B) (C)

Question 3 (A) (B) (C)

Question 4 (A) (B) (C)

Question 5 (A) (B) (C)

Question 6 (A) (B) (C)

Question 7 (A) (B) (C)

Question 8 (A) (B) (C)

Question 9 (A) (B) (C)

Question 10 (A) (B) (C)

Question 11 (A) (B) (C)

Question 12 (A) (B) (C)

Question 13 (A) (B) (C)

Question 14 (A) (B) (C)

Question 15 (A) (B) (C)

PART B

Directions: In this section you will hear a series of short selections. You will hear them only once and they are not printed in your test booklet. After each selection, you will be asked one or more questions on what you have just heard. These questions are printed in your test booklet and have four possible answer choices. Choose the best response to the selection given and fill in the corresponding oval on your answer sheet. You have 15 seconds to answer each question.

#16-17

Question 16 Who called?

A. Teacher Wang
B. Li Qiang's mother
C. Li Qiang
D. Zhang Xiaohong

Question 17 Which of these statements is true?

A. Li Qiang will go to Chinese school this week.
B. Li Qiang already competed in the swimming team tryouts.
C. Li Qiang finished his Chinese homework.
D. Li Qiang will turn in Li Xiaohong's homework.

#18-19

Question 18 Where is this radio announcement from?

A. Airport
B. Train station
C. Subway station
D. Bus station

Question 19 What is the final destination?

A. Chengdu
B. Hong Kong
C. Beijing
D. Xian

#20-22

Question 20 Where is Linda planning to go next school year?

A. Study abroad in England
B. Join the navy
C. Join the English navy
D. Go to England on a boat

Question 21 What is Mike planning to do next school year?

A. Study abroad in England
B. Join the navy
C. Join the English navy
D. Go to England on a boat

Question 22 What is the relationship between Mike and Linda?

A. Brother and sister
B. Friends
C. Husband and wife
D. Student and teacher

#23-24

Question 23 Where is this radio announcement from?

A. Police station
B. School
C. Train station
D. Airport

Question 24 Who is waiting at Section B?

A. Ms Liu
B. Mr. Wang
C. Guanzhou
D. Luke

#25-26

Question 25 Who is making the call?

A. Teacher Wang
B. Principal Li
C. Principal Wang
D. Teacher Li

Question 26 Why can't the caller come on time?

A. The caller was in a car accident.
B. There was traffic.
C. The caller is sick.
D. Highway 95 is being fixed.

#27-28

Question 27 Which piece of information is incorrect?

A. The speaker's name is Li Dawei.
B. The speaker is from Shanghai.
C. The speaker wishes everyone will support him.
D. The speaker is very happy to be here.

Question 28 How long is the speaker staying for?

A. 6 days
B. 6 weeks
C. 6 months
D. 6 years

#29-30

Question 29 When would you hear this message?

A. When the phone company bills you.
B. When you dial a wrong number.
C. When your phone runs out of batteries.
D. When you get a new voicemail.

Question 30 Translate this phase: "无效号码"

A. "Number not in service"
B. "Please dial again"
C. "Hang up and dial again"
D. "Wrong number"

SAT II Chinese Simulated Test One
Section I: Listening Comprehension

PART A

Directions: In this section you will hear short questions, statements or exchanges in Mandarin Chinese followed by three responses designated (A), (B), and (C). You will hear both the selections and responses only once and they are not printed in your test booklet. Therefore, you must listen very carefully. Choose the best response to the selection given and fill in the corresponding oval on your answer sheet.

Question 1
你的这一身旗袍很漂亮，真不错！
A，是吗？谢谢。
B，我在唐人街买的旗袍很漂亮。
C，中国旗袍看起来很优雅很漂亮。

Question 2
你们还要甜点吗？
A，我们都吃饱了，不再要了。
B，这份甜点太甜了。
C，你说的一点儿也不错。

Question 3
我们学校这个星期放春假，你们呢？
A，我们学校考试成绩很好的。
B，我们学校是上个星期放的。
C，春假通常三月份儿才放的。

Question 4
你通常周末喜欢做什么？
A，下个星期六我要参加学校的篮球比赛。
B，睡懒觉啊。
C，我不喜欢周末做作业。

Question 5
请问林太太在家吗？
A，林先生出去了。
B，她休息了。
C，你问一下林太太吧。

Question 6
请问有 8 号的运动鞋吗？
A，我们有蓝色的运动鞋。
B，没有了，只有 9 号的了。
C， 8 号运动鞋太大了。

Question 7
下午去打网球吗？
A，他去打球了。
B，你不去打球。
C，好啊，去哪儿打？

Question 8
你知道为什么中国人把长城叫做万里长城吗？
A，因为长城很古老，有两千年的历史。
B，因为长城很长，有一万多里长。
C，因为长城很高，可以挡住敌人入侵。

Question 9
你暑假准备怎么过？
A，上个星期，我去买年货了。
B，下个星期，我就要去台湾度假了。
C，上个月，我和姐姐逛街去了。

Question 10
你妈妈烤的蛋糕真好吃。
A，是啊，这块蛋糕是最好吃的了。
B，是啊，妈妈最拿手的就是烤蛋糕。
C，是啊，妈妈昨天烤了很多好吃的蛋糕。

Question 11
你知道他是谁吗？
A，没什么。
B，不知道。
C，是的，谢谢。

Question 12
今天下课后去看电影吗？
A，不行啊，上课怎么去呢。
B，对，下课后可以不去看电影。
C，好啊，什么电影？

Question 13
今天是一位代课老师上中文课，她讲话太快了。
A，代课老师讲话太快了吗？
B，你是说那个戴眼镜的代课老师吗？
C，中文课都是代课老师吗？

Question 14
明天放假，一起去溜旱冰，怎么样？
A，是啊，明天放假。
B，对，明天不去溜旱冰。
C，好啊，说定了，明天见!

Question 15
下周放春假，你要出行吗？
A，是啊，下周放春假。
B，不，我要呆在家里。
C，好啊，下周再见。

PART B

Directions: In this section you will hear a series of short selections. You will hear them only once and they are not printed in your test booklet. After each selection, you will be asked one or more questions on what you have just heard. These questions are printed in your test booklet and have four possible answer choices. Choose the best response to the selection given and fill in the corresponding oval on your answer sheet. You have 15 seconds to answer each question.

#16-17

王老师，您好。我是 503 班李强的妈妈。这个周末，李强要去参加美国少年奥林匹克游泳队的选拔赛。所以，中文学校就不能去了，向您请个假。中文作业他已经做完了，我请他的同学张晓红交给您。这个周的中文作业麻烦您交给张晓红。谢谢！

#18-19

各位乘客请注意，飞往香港的 738 号航班就要起飞了，请您带好自己的行李物品，按顺序登机，谢谢。

#20-22

琳达，您好！好久不见了，最近好吗？忙什么哪？

您好，麦克！是啊，最近一直都没有见到你。下个学期我要去英国读大学，最近正忙这事儿呢。您怎么样？

恭喜你去国外读大学！我要去当兵，我已经报名了。我一直很喜欢大海，很想当一名海军士兵。

当兵一定很有意思，祝你梦想成真！

#23-24

各位旅客请注意，现在广播找人。广州来的刘小姐，您的家人王先生在候车大厅 B 区等您。

#25-26

李校长，我是五班代课老师李大丽。我现在被堵在 95 号高速路上了。前方出现了重大车祸。还有一刻钟就要上课了，我肯定是赶不到学校了。

#27-28

大家好，我是李大卫。我来自于中国的黑龙江省。很高兴从今天起，我将和大家一起度过六个月的学习生活，请多多关照，谢谢各位。

#29-30

你好，你拨打的号码是无效号码，请核实后再拨。谢谢！

SAT II Chinese Simulated Test One
Section II: Grammar

Directions: Complete the sentences by choosing one of the four choices. Each question is presented in four different ways: simplified characters, traditional characters, pinyin, and Chinese phonetic alphabet (bo po mo fo). Choose the writing form with which you are most familiar and read only from that column as you work through this section of the test. Bubble in the choice that best completes the sentence.

Question 31

桌子上_______一束玫瑰花。
A. 放在
B. 放着
C. 放下
D. 放上

桌子上_______一束玫瑰花。
A. 放在
B. 放著
C. 放下
D. 放上

Zhuōzi shàng_______ yī shù méi guī huā。
A. fàng zài
B. fàng zhe
C. fàng xià
D. fàng shàng

ㄓㄨㄛ ˙ㄗ ㄕㄤˋ _________ ㄧ ㄕㄨˋ ㄇㄟˊ ㄍㄨㄟ ㄏㄨㄚ 。
A. ㄈㄤˋ ㄗㄞˋ
B. ㄈㄤˋ ˙ㄓㄜ
C. ㄈㄤˋ ㄒㄧㄚˋ
D. ㄈㄤˋ ㄕㄤˋ

Question 32

这是一家有名的日本餐馆，他们做_______寿司很好吃。
A. 的
B. 地
C. 得
D. 了

這是一家有名的日本餐館，他們做_______壽司很好吃。
A. 的
B. 地
C. 得
D. 了

Zhè shì yī jiā yǒu míng de rì běn cān guǎn，tā men zuò_______ shòu sī hěn hǎo chī。
A. de
B. de
C. de
D. le

ㄓㄜˋ ㄕˋ ㄧ ㄐㄧㄚ ㄧㄡˇ ㄇㄧㄥˊ ˙ㄉㄜ ㄖˋ ㄅㄣˇ ㄘㄢ ㄍㄨㄢˇ，ㄊㄚ ˙ㄇㄣ ㄗㄨㄛˋ _________ ㄕㄡˋ ㄙ ㄏㄣˇ ㄏㄠˇ ㄔ 。
A. ˙ㄉㄜ
B. ˙ㄉㄜ
C. ㄉㄜˊ
D. ˙ㄉㄜ

Question 33

我______去上班，不能去看电影。

A. 可
B. 真
C. 得
D. 能不能

我______去上班，不能去看電影。

A. 可
B. 真
C. 得
D. 能不能

Wǒ_____ qù shàng bān，bù néng qù kàn diàn yǐng。

A. kě
B. zhēn
C. děi
D. néng bù néng

ㄨㄛˇ ______ ㄑㄩˋ ㄕㄤˋ ㄅㄢ，ㄅㄨˋ ㄋㄥˊ ㄑㄩˋ ㄎㄢˋ ㄉㄧㄢˋ ㄧㄥˇ。

A. ㄎㄜˇ
B. ㄓㄣ
C. ㄉㄜˊ
D. ㄋㄥˊ ㄅㄨˋ ㄋㄥˊ

Question 34

老师：“你交作业了 _______？”
玛丽：“我上个星期交过了。”

A. 吧
B. 吗
C. 呢
D. 呵

老師：“你交作業了 _______？”
瑪麗：“我上個星期交過了。”

A. 吧
B. 嗎
C. 呢
D. 呵

Lǎo shī:“nǐ jiāo zuò yè le _______？”
Mǎ lì:“wǒ shàng gè xīng qī jiāo guò le。”

A. ba
B. ma
C. ne
D. hē

ㄌㄠˇ ㄕ：“ㄋㄧˇ ㄐㄧㄠ ㄗㄨㄛˋ ㄧㄝˋ ˙ㄌㄜ _______？”
ㄇㄚˇ ㄌㄧˋ：“ㄨㄛˇ ㄕㄤˋ ˙ㄍㄜ ㄒㄧㄥ ㄑㄧˊ ㄐㄧㄠ ㄍㄨㄛˋ ˙ㄌㄜ。”

A. ˙ㄅㄚ
B. ˙ㄇㄚ
C. ㄋㄜ
D. ㄏㄜ

Question 35

小明的作业不见了，怎么也 ______。

A. 找得到
B. 找不到
C. 不找到
D. 找到不

小明的作業不見了，怎麼也 ______。

A. 找得到
B. 找不到
C. 不找到
D. 找到不

Xiǎo míng de zuò yè bù jiàn le，zěn mo yě ______。

A. zhǎo de dào
B. zhǎo bù dào
C. bù zhǎo dào
D. zhǎo dào bù

ㄒㄧㄠˇ ㄇㄧㄥˊ ˙ㄉㄜ ㄗㄨㄛˋ ㄧㄝˋ ㄅㄨˊ ㄐㄧㄢˋ ˙ㄌㄜ，ㄗㄣˇ ㄧㄠ ㄧㄝˇ ______。

A. ㄓㄠˇ ㄉㄜˊ ㄉㄠˋ
B. ㄓㄠˇ ㄅㄨˊ ㄉㄠˋ
C. ㄅㄨˋ ㄓㄠˇ ㄉㄠˋ
D. ㄓㄠˇ ㄉㄠˋ ㄅㄨˊ

Question 36

这_______运动鞋很好看。

A. 顶
B. 两
C. 件
D. 双

這_______運動鞋很好看。

A. 頂
B. 兩
C. 件
D. 雙

Zhè_______ yùn dòng xié hěn hǎo kàn 。

A. dǐng
B. liǎng
C. jiàn
D. shuāng

ㄓㄜˋ _______ ㄩㄣˋ ㄉㄨㄥˋ ㄒㄧㄝˊ ㄏㄣˇ ㄏㄠˇ ㄎㄢˋ 。

A. ㄉㄧㄥˇ
B. ㄌㄧㄤˇ
C. ㄐㄧㄢˋ
D. ㄕㄨㄤ

Question 37

星期天，我和朋友去逛了几_______服装店。

A. 条
B. 家
C. 把
D. 双

星期天，我和朋友去逛了幾_____服裝店。

A. 條
B. 家
C. 把
D. 雙

Xīng qī tiān，wǒ hé péng yǒu qù guàng le jǐ_______ fú zhuāng diàn。

A. tiáo
B. jiā
C. bǎ
D. shuāng

ㄒㄧㄥ ㄑㄧˊ ㄊㄧㄢ ，ㄨㄛˇ ㄏㄜˊ ㄆㄥˊ ㄧㄡˇ ㄑㄩˋ ㄍㄨㄤˋ ˙ㄌㄜ ㄐㄧˇ _______ ㄈㄨˊ ㄓㄨㄤ ㄉㄧㄢˋ 。

A. ㄊㄧㄠˊ
B. ㄐㄧㄚ
C. ㄅㄚˇ
D. ㄕㄨㄤ

Question 38

这是一_______学校，有两百多个学生。

A. 顶
B. 所
C. 枚
D. 份

這是一_______學校，有兩百多個學生。

A. 頂
B. 所
C. 枚
D. 份

Zhè shì yī_______ xué xiào，yǒu liǎng bǎi duō gè xué shēng。

A. dǐng
B. suǒ
C. méi
D. fèn

ㄓㄜˋ ㄕˋ ㄧ _______ ㄒㄩㄝˊ ㄒㄧㄠˋ ，ㄧㄡˇ ㄌㄧㄤˇ ㄅㄞˇ ㄉㄨㄛ ˙ㄍㄜ ㄒㄩㄝˊ ㄕㄥ 。

A. ㄉㄧㄥˇ
B. ㄙㄨㄛˇ
C. ㄇㄟˊ
D. ㄈㄣˋ

Question 39

一______大风把树刮倒了。

A. 顿
B. 阵
C. 次
D. 座

一______大風把樹刮倒了。

A. 頓
B. 陣
C. 次
D. 座

Yī______ dà fēng bǎ shù guā dào le。

A. dùn
B. zhèn
C. cì
D. zuò

一 ______ ㄉㄚˋ ㄈㄥ ㄅㄚˇ ㄕㄨˋ ㄍㄨㄚ ㄉㄠˇ ˙ㄌㄜ 。

A. ㄉㄨㄣˋ
B. ㄓㄣˋ
C. ㄘˋ
D. ㄗㄨㄛˋ

Question 40

这么简单的事儿，连小孩子都会做，______大人呢？

A. 何况
B. 何必
C. 何苦
D. 何尝

這么簡單的事兒，連小孩子都會做，______大人呢？

A. 何況
B. 何必
C. 何苦
D. 何嘗

Zhè mo jiǎn dān de shìr，lián xiǎo hái zi dū huì zuò，______ dà rén ne？

A. hé kuàng
B. hé bì
C. hé kǔ
D. hé cháng

ㄓㄜˋ ㄧㄠ ㄐㄧㄢˇ ㄉㄢ ˙ㄉㄜ ㄕˋ ㄖㄣˊ，ㄌㄧㄢˊ ㄒㄧㄠˇ ㄏㄞˊ ˙ㄗ ㄉㄡ ㄏㄨㄟˋ ㄗㄨㄛˋ，______ ㄉㄚˋ ㄖㄣˊ ˙ㄋㄜ ？

A. ㄏㄜˊ ㄎㄨㄤˋ
B. ㄏㄜˊ ㄅㄧˋ
C. ㄏㄜˊ ㄎㄨˇ
D. ㄏㄜˊ ㄔㄤˊ

Question 41

______多练习，______能学好中文。

A. 因为，所以
B. 不但，而且
C. 只有，就
D. 只要，就

______多練習，______能學好中文。

A. 因為，所以
B. 不但，而且
C. 只有，就
D. 只要，就

______ duō liàn xí，______ néng xué hǎo zhōng wén。

A. Yīn wéi，suǒ yǐ
B. Bú dàn，ér qiě
C. Zhī yǒu，jiù
D. Zhī yào，jiù

______ ㄉㄨㄛ ㄌㄧㄢˋ ㄒㄧˊ，______ ㄋㄥˊ ㄒㄩㄝˊ ㄏㄠˇ ㄓㄨㄥ ㄨㄣˊ 。

A. ㄧㄣ ㄨㄟˋ，ㄙㄨㄛˇ ㄧˇ
B. ㄅㄨˊ ㄉㄢˋ，ㄦˊ ㄑㄧㄝˇ
C. ㄓˇ ㄧㄡˇ，ㄐㄧㄡˋ
D. ㄓˇ ㄧㄠˋ，ㄐㄧㄡˋ

Question 42

他_______没来上学，_______生病了。

A. 不是，而是
B. 之因为，是所以
C. 之所以，是因为
D. 因为，而

他_______没來上學，_______生病了。

A. 不是，而是
B. 之因為，是所以
C. 之所以，是因為
D. 因為，而

Tā_______ méi lái shàng xué，_______ shēng bìng le。

A. bú shì，ér shì
B. zhī yīn wéi，shì suǒ yǐ
C. zhī suǒ yǐ，shì yīn wéi
D. yīn wéi，ér

ㄊㄚ _______ ㄇㄟˊ ㄌㄞˊ ㄕㄤˋ ㄒㄩㄝˊ，_______ ㄕㄥ ㄅㄧㄥˋ ˙ㄌㄜ 。

A. ㄅㄨˊ ㄕˋ，ㄦˊ ㄕˋ
B. ㄓ ㄧㄣ ㄨㄟˊ，ㄕˋ ㄙㄨㄛˇ ㄧˇ
C. ㄓ ㄙㄨㄛˇ ㄧˇ，ㄕˋ ㄧㄣ ㄨㄟˊ
D. ㄧㄣ ㄨㄟˊ，ㄦˊ

Question 43

先生，您想吃点儿_______？

A. 什么
B. 怎么
C. 那么
D. 这么

先生，您想吃點兒_______？

A. 什麼
B. 怎麼
C. 那麼
D. 這麼

Xiān shēng，nín xiǎng chī diǎnr_______？

A. shén mo
B. zěn mo
C. nà mo
D. zhè mo

ㄒㄧㄢ ㄕㄥ，ㄋㄧㄣˊ ㄒㄧㄤˇ ㄔ ㄉㄧㄢˇ ㄖㄣˊ _______？

A. ㄕㄜˊ ㄧㄠ
B. ㄗㄣˇ ㄧㄠ
C. ㄋㄚˇ ㄧㄠ
D. ㄓㄜˋ ㄧㄠ

Question 44

我姐姐今年_______十六岁。

A. 刚才
B. 刚
C. 就
D. 都

我姐姐今年_______十六歲。

A. 剛才
B. 剛
C. 就
D. 都

Wǒ jiějie jīn nián_______ shí liù suì。

A. gāng cái
B. gāng
C. jiù
D. dōu

ㄨㄛˇ ㄐㄧㄝˇ ㄐㄧㄝˇ ㄐㄧㄣ ㄋㄧㄢˊ _______ ㄌㄧㄡˋ ㄙㄨㄟˋ 。

A. ㄍㄤ ㄘㄞˊ
B. ㄍㄤ
C. ㄐㄧㄡˋ
D. ㄉㄡ

Question 45

中国桂林很美丽，俗话说桂林山水_______天下。

A. 甲
B. 乙
C. 丙
D. 丁

中國桂林很美麗，俗話說桂林山水_______天下。

A. 甲
B. 乙
C. 丙
D. 丁

Zhōng guó guì lín hěn měi lì，sú huà shuō guì lín shān shuǐ_______ tiān xià。

A. jiǎ
B. yǐ
C. bǐng
D. dīng

ㄓㄨㄥ ㄍㄨㄛˊ ㄍㄨㄟˋ ㄌㄧㄣˊ ㄏㄣˇ ㄇㄟˇ ㄌㄧˋ，ㄙㄨˊ ㄏㄨㄚˋ ㄕㄨㄛ ㄍㄨㄟˋ ㄌㄧㄣˊ ㄕㄢ ㄕㄨㄟˇ _______ㄊㄧㄢ ㄒㄧㄚˋ。

A. ㄐㄧㄚˇ
B. ㄧˇ
C. ㄅㄧㄥˇ
D. ㄉㄧㄥ

Question 46

台湾的小吃很多，_______地的味道不一样。

A. 个
B. 各
C. 那
D. 这

台灣的小吃很多，_______地的味道不一樣。

A. 個
B. 各
C. 那
D. 這

Tái wān de xiǎo chī hěn duō，_______ dì de wèi dào bù yī yàng。

A. gè
B. gè
C. nà
D. zhè

ㄊㄞˊ ㄨㄢ ˙ㄉㄜ ㄒㄧㄠˇ ㄔ ㄏㄣˇ ㄉㄨㄛ，_______ㄉㄧˋ ˙ㄉㄜ ㄨㄟˋ ㄉㄠˋ ㄅㄨˊ ㄧ ㄧㄤˋ。

A. ˙ㄍㄜ
B. ㄍㄜˋ
C. ㄋㄚˇ
D. ㄓㄜˋ

Question 47

去建国门大街应该_______右拐。

A. 向
B. 相
C. 象
D. 想

去建國門大街應該 _______右拐。

A. 向
B. 相
C. 象
D. 想

Qù jiàn guó mén dà jiē yīng gāi _______ yòu guǎi。

A. xiàng
B. xiāng
C. xiàng
D. xiǎng

ㄑㄩˋ ㄐㄧㄢˋ ㄍㄨㄛˊ ㄇㄣˊ ㄉㄚˋ ㄐㄧㄝ ㄧㄥ ㄍㄞ _______ㄧㄡˋ ㄍㄨㄞˇ。

A. ㄒㄧㄤˋ
B. ㄒㄧㄤ
C. ㄒㄧㄤˋ
D. ㄒㄧㄤˇ

Question 48

我的中文班里有_______日本学生。

A. 十多个
B. 多十个
C. 十个多
D. 多多个

我的中文班里裏_______日本學生。

A. 十多個
B. 多十個
C. 十個多
D. 多多個

Wǒ de zhōng wén bān lǐ yǒu_______ rì běn xué shēng。

A. shí duō gè
B. duō shí gè
C. shí gè duō
D. duō duō gè

ㄨㄛˇ ˙ㄉㄜ ㄓㄨㄥ ㄨㄣˊ ㄅㄢ ㄌㄧˇ ㄧㄡˇ _______ ㄖˋ ㄅㄣˇ ㄒㄩㄝˊ ㄕㄥ 。

A. ㄉㄨㄛ ˙ㄍㄜ
B. ㄉㄨㄛ ˙ㄍㄜ
C. ˙ㄍㄜ ㄉㄨㄛ
D. ㄉㄨㄛ ㄉㄨㄛ ˙ㄍㄜ

Question 49

张大为是个急性子，真爱_______。

A. 着急
B. 急着
C. 急了
D. 急忙

張大為是個急性子，真爱_______。

A. 著急
B. 急著
C. 急了
D. 急忙

Zhāng dà wéi shì gè jí xìngzi，zhēn ài_______。

A. zháo jí
B. jí zhe
C. jí le
D. jí máng

ㄓㄤ ㄉㄚˋ ㄨㄟˋ ㄕˋ ˙ㄍㄜ ㄐㄧˊ ㄒㄧㄥˋ ˙ㄗ ，ㄓㄣ ㄞˋ _______ 。

A. ˙ㄓㄜ ㄐㄧˊ
B. ㄐㄧˊ ˙ㄓㄜ
C. ㄐㄧˊ ˙ㄌㄜ
D. ㄐㄧˊ ㄇㄤˊ

Question 50

天这么晚了，_______他不会来了。

A. 可怕
B. 害怕
C. 恐怕
D. 那怕

天這麼晚了，_______他不會來了。

A. 可怕
B. 害怕
C. 恐怕
D. 那怕

Tiān zhè mo wǎn le，_______ tā bù huì lái le。

A. kě pà
B. hài pà
C. kǒng pà
D. nà pà

ㄊㄧㄢ ㄓㄜˋ ㄧㄠ ㄨㄢˇ ˙ㄌㄜ ，_______ㄊㄚ ㄅㄨˊ ㄏㄨㄟˋ ㄌㄞˊ ˙ㄌㄜ 。

A. ㄎㄜˇ ㄆㄚˋ
B. ㄏㄞˋ ㄆㄚˋ
C. ㄎㄨㄥˇ ㄆㄚˋ
D. ㄋㄚˇ ㄆㄚˋ

Question 51

这部电影真不错，我想明天_______去看一遍。
- A. 有
- B. 又
- C. 再
- D. 在

這部電影真不錯，我想明天_______去看一遍。
- A. 有
- B. 又
- C. 再
- D. 在

Zhè bù diàn yǐng zhēn bú cuò，wǒ xiǎng míng tiān_______ qù kàn yī biàn。
- A. yǒu
- B. yòu
- C. zài
- D. zài

ㄓㄜˋ ㄅㄨˋ ㄉㄧㄢˋ ㄧㄥˇ ㄓㄣ ㄅㄨˊ ㄘㄨㄛˋ，ㄨㄛˇ ㄒㄧㄤˇ ㄇㄧㄥˊ ㄊㄧㄢ _______ ㄑㄩˋ ㄎㄢˋ ㄧ ㄅㄧㄢˋ 。
- A. ㄧㄡˇ
- B. ㄧㄡˋ
- C. ㄗㄞˋ
- D. ㄗㄞˋ

Question 52

请把桌上的书_______盒子里。
- A. 放上
- B. 放下
- C. 放进
- D. 放着

請把桌上的書_______盒子里。
- A. 放上
- B. 放下
- C. 放進
- D. 放著

Qǐng bǎ zhuō shàng de shū_______ hézi lǐ。
- A. fàng shàng
- B. fàng xià
- C. fàng jìn
- D. fàng zhe

ㄑㄧㄥˇ ㄅㄚˇ ㄓㄨㄛ ㄕㄤˋ ˙ㄉㄜ ㄕㄨ _______ㄏㄜˊ ˙ㄗ ㄌㄧˇ 。
- A. ㄈㄤˋ ㄕㄤˋ
- B. ㄈㄤˋ ㄒㄧㄚˋ
- C. ㄈㄤˋ ㄐㄧㄣˋ
- D. ㄈㄤˋ ˙ㄓㄜ

Question 53

他_______衣服洗得干干净净。
- A. 把
- B. 给
- C. 替
- D. 会

他_______衣服洗得乾乾淨淨。
- A. 把
- B. 給
- C. 替
- D. 會

Tā_______ yī fú xǐ de gān gān jìng jìng。
- A. bǎ
- B. gěi
- C. tì
- D. huì

ㄊㄚ _______ㄧ ㄈㄨˊ ㄒㄧˇ ㄉㄜˊ ㄍㄢ ㄍㄢ ㄐㄧㄥˋ ㄐㄧㄥˋ 。
- A. ㄅㄚˇ
- B. ㄍㄟˇ
- C. ㄊㄧˋ
- D. ㄏㄨㄟˋ

Question 54

我不喜欢考试，________是中文考试。

A. 只是
B. 尤其
C. 可是
D. 其实

我不喜歡考試，________是中文考試。

A. 只是
B. 尤其
C. 可是
D. **其實**

Wǒ bù xǐ huān kǎo shì，________ shì zhōng wén kǎo shì。

A. zhī shì
B. yóu qí
C. kě shì
D. qí shí

ㄨㄛˇ ㄅㄨˊ ㄒㄧˇ ㄏㄨㄢ ㄎㄠˇ ㄕˋ，________ㄕˋ ㄓㄨㄥ ㄨㄣˊ ㄎㄠˇ ㄕˋ。

A. ㄓˇ ㄕˋ
B. ㄧㄡˊ ㄑㄧˊ
C. ㄎㄜˇ ㄕˋ
D. ㄑㄧˊ ㄕˊ

Question 55

这个小姑娘_______的，可爱极了。

A. 漂漂亮亮
B. 漂亮漂亮
C. 漂亮
D. 漂亮很

這個小姑娘_______的，可愛極了。

A. 漂漂亮亮
B. 漂亮漂亮
C. 漂亮
D. 漂亮很

Zhè gè xiǎo gū niáng________ de，kě ài jí le。

A. piāo piao liàng liang
B. piāo liàng piāo liàng
C. piāo liàng
D. piāo liàng hěn

ㄓㄜˋ ˙ㄍㄜ ㄒㄧㄠˇ ㄍㄨ ㄋㄧㄤˊ________˙ㄉㄜ，ㄎㄜˇ ㄞˋ ㄐㄧˊ ˙ㄌㄜ。

A. ㄆㄧㄠ ㄆㄧㄠ ㄌㄧㄤˋ ㄌㄧㄤˋ
B. ㄆㄧㄠ ㄌㄧㄤˋ ㄆㄧㄠ ㄌㄧㄤˋ
C. ㄆㄧㄠ ㄌㄧㄤˋ
D. ㄆㄧㄠ ㄌㄧㄤˋ ㄏㄣˇ

SAT II Chinese Simulated Test One

Section III: Reading Comprehension

Directions: Read the following selections carefully. Answer the questions corresponding to each selection by selecting one of the four choices. Bubble in the best answer on the answer sheet. Each selection is presented in both traditional and simplified Chinese; you may use either to answer the questions.

大江：

今天晚上下班时，把丽丽从幼儿园里接出来，再去大中华蛋糕店取回预定的生日蛋糕，别忘了买四支小蜡烛。爸爸妈妈今晚上六点的飞机，我去机场接他们。

小云

大江：

今天晚上下班時，把麗麗從幼兒園裏接出來，再去大中華蛋糕店取回預定的生日蛋糕，別忘了買四支小蠟燭。爸爸媽媽今晚上六點的飛机，我去機場接他們。

小雲

Question 56 What is the relationship between Dajiang and Xiaoyun?

A. Husband and wife
B. Brother and sister
C. Colleagues
D. Friends

Question 57 Who is going to have a birthday?

A. Dajiang
B. Lili
C. Xiaoyun
D. Mom and Dad

Question 58 Who is going to the airport to pick up Mom and Dad?

A. Dajiang
B. Xiaoyun
C. Dajiang and Lili
D. Xiaoyun, Dajiang, and Lili

文明行车，安全驾驶

文明行車，安全駕駛

Question 59 Who is this sign directed toward?

A. Passengers
B. Drivers
C. Police
D. Customers

步行街

步行街

Question 60 According to the above sign, this road is designated for:

A. Motorcycles
B. Buses
C. Pedestrians
D. Trucks

美东百货公司

星期一至星期五
上午十点至晚上九点
星期六星期天
上午十点至下午六点

美東百貨公司

星期一至星期五
上午十點至晚上九點
星期六星期天
上午十點至下午六點

Question 61 Where would you encounter this sign?

A. Police station
B. School office
C. Software company
D. Department store

Question 62 What time does it close on Wednesday?

A. 10:00 am
B. 10:00 pm
C. 9:00 pm
D. 6:00 pm

国庆节大减价

女装八折 男装七折
所有鞋帽一律三折

國慶節大減價

女裝八折 男裝七折
所有鞋帽一律三折

Question 63 Around what time would you see this sign?

A. October 1st
B. January 1st
C. December 25th
D. February 14th

Question 64 According to the sign, what happens during this time?

A. Discounts
B. Free shipping
C. Free gift with purchase
D. Free samples

Question 65 If you wanted to buy a pair of boots that are $100 at full price, how much would you pay at this time?

A. $100
B. $70
C. $30
D. $80

欢迎光临

歡迎光臨

Question 66 What does this sign mean?

A. Goodbye
B. Please take off your shoes
C. Welcome
D. Please come again

闲人免进

閒人免進

Question 67 What does this sign mean?

A. Personnel only
B. Entrance only
C. Exit only
D. Emergency exit

通知
由于室内修缮，学校图书馆将
于下周一至下周四全面闭馆，
不便之处请予谅解。

通知
由於室內修繕，學校圖書館將
於下周一至下周四全面閉館，
不便之處請予諒解。

Question 68 What is the reason that the school library closed?

A. Flood
B. Electrical damage
C. Remodeling
D. Termites

Question 69 When will the library re-open?

A. Next Friday
B. Next Monday
C. Next Tuesday
D. Next Thursday

化工厂招聘
前台秘书两名，经理一名，搬运工数名，有经验优先，有意请电 **414-5657788**。

化工廠招聘
前台秘書兩名，經理一名，搬運工數名，有經驗優先，有意請電**414-5657788**。

Question 70 Who could have posted this?

A. Electric company
B. Chemical factory
C. Software firm
D. Cosmetics company

Question 71 Which positions are not open?

A. Receptionist
B. Manager
C. Manual laborer
D. Truck driver

随手关灯，节约能源

隨手關燈，節約能源

Question 72 Where would you encounter this sign?

A. Next to a light switch
B. Next to traffic lights
C. On a door handle
D. Next to electrical wires

此面向上，小心轻放

此面向上，小心輕放

Question 73 According to this sign, how would you describe the item that is labeled?

A. Heavy
B. Fragile
C. Expensive
D. Expired

涂于患处，一日两次，溃烂处禁用。若有不适，速联系医生。

涂於患處，一日兩次，潰爛處禁用。若有不適，速聯繫醫生。

Question 74 What type of medicine is this label for?

A. Weight loss medication
B. Heart disease medication
C. Skin rash medication
D. Diabetes medication

Question 75 How many times should this medicine be used?

A. Once a day
B. Twice a day
C. Once every other day
D. As many times as needed

如何包粽子
先把粽子叶卷成漏斗的形状，然后把糯米放进去，再用多出来的叶子盖住漏斗的口，最后用线捆紧粽子。

如何包粽子
先把粽子葉捲成漏斗的形狀，然後把糯米放進去，再用多出來的葉子蓋住漏斗的口，最後用線捆緊粽子。

Question 76 What are these directions for?

A. How to make dumplings
B. How to make zhongzi
C. How to make cake
D. How to make pie

Question 77 What ingredients are needed?

A. Flour
B. Rice
C. Sugar
D. Icing

概不外借

概不外借

Question 78 What does this sign mean?

A. Free sampling
B. Please take
C. Handle with care
D. No borrowing

北方晚报

北方晚報

Question 79 What does this describe?

A. Book
B. Magazine
C. Newspaper
D. Textbook

北京一日游 长城，故宫，北海公园 每天 7 点准时从中华旅社东南门出发，每人￥199。	北京一日游 長城，故宮，北海公園 每天7點準時從中華旅社東南門出發，每人￥199。

Question 80 Who posted this advertisement?

A. Airline
B. Travel agency
C. Fitness center
D. Restaurant

Question 81 Where should you meet in the morning?

A. Southeast door
B. Southwest door
C. Northeast door
D. Northwest door

今年暑假，我从美国纽约回到了离开二十年之久的故乡——海口市大全村。离开家乡这么多年，我的亲戚和朋友说，我的家乡话一点儿也没变。	今年暑假，我從美國紐約回到了離開二十年之久的故鄉——海口市大全村。離開家鄉這么多年，我的親戚和朋友說，我的家鄉話一點兒也沒變。

Question 82 How long has he been away from home?

A. 10 years
B. 20 years
C. 5 years
D. 2 years

Question 83 According to his friends, what has not changed about him?

A. His looks
B. The way he dresses
C. His dialect
D. His personality

美华航空公司本周三宣布，预计圣诞节旅客量将大幅增加，所以从 12 月 15 日至 1 月 15 日，计划临时增加班次，纽约至上海，洛杉矶至广州，旧金山至北京，由每周七班增加为十四班。

美華航空公司本周三宣布，預計聖誕節旅客量將大幅增加，所以從12月15日至1月15日，計劃臨時增加班次，紐約至上海，洛杉磯至廣州，舊金山至北京，由每周七班增加為十四班。

Question 84 Which airline posted this?

A. Meihua
B. Huamei
C. Meidong
D. Dongmei

Question 85 During what time will there be additional flights?

A. Around Christmas time
B. Around July 4th
C. Around Memorial Day
D. Around Thanksgiving

SAT II Chinese Simulated Test Two
Section I: Listening Comprehension

PART A

Directions: In this section you will hear short questions, statements or exchanges in Mandarin Chinese followed by three responses designated (A), (B), and (C). You will hear both the selections and responses only once and they are not printed in your test booklet. Therefore, you must listen very carefully. Choose the best response to the selection given and fill in the corresponding oval on your answer sheet.

Question 1 (A) (B) (C)

Question 2 (A) (B) (C)

Question 3 (A) (B) (C)

Question 4 (A) (B) (C)

Question 5 (A) (B) (C)

Question 6 (A) (B) (C)

Question 7 (A) (B) (C)

Question 8 (A) (B) (C)

Question 9 (A) (B) (C)

Question 10 (A) (B) (C)

Question 11 (A) (B) (C)

Question 12 (A) (B) (C)

Question 13 (A) (B) (C)

Question 14 (A) (B) (C)

Question 15 (A) (B) (C)

PART B

Directions: In this section you will hear a series of short selections. You will hear them only once and they are not printed in your test booklet. After each selection, you will be asked one or more questions on what you have just heard. These questions are printed in your test booklet and have four possible answer choices. Choose the best response to the selection given and fill in the corresponding oval on your answer sheet. You have 15 seconds to answer each question.

#16-18

Question 16 Who is this message for?
- A. Xiaoming
- B. Lisa
- C. Mrs. Li
- D. Teacher Li

Question 17 What is happening this week?
- A. Teacher Appreciation
- B. Thanksgiving
- C. Graduation
- D. Spring Break

Question 18 Who will sign the card?
- A. Lisa
- B. Xiaoming
- C. Teacher Li
- D. Ms Li

#19-20

Question 19 When was this event held?
- A. This morning
- B. This afternoon
- C. This evening
- D. Last night

Question 20 What type of event is this?
- A. Science fair
- B. Book fair
- C. Graduation ceremony
- D. Science competition

#21-22

Question 21 What is Lisa planning to do?
- A. Take classes at a community college to become a nurse.
- B. Go to college in Maryland.
- C. Look for a job.
- D. Become an English teacher.

Question 22 What is David planning to do?
- A. Take classes at a community college to become a nurse
- B. Go to college in Maryland.
- C. Look for a job.
- D. Become an English teacher.

#23-24

Question 23 Who is this message for?

A. Parents
B. Teachers
C. School administrators
D. Principal

Question 24 Who do they need?
A. Driver
B. Homeroom parent
C. Secretary
D. Parent chaperone

#25-26

Question 25 Who called?
A. Kelly
B. Ms Guo
C. Teacher Guo
D. Principal

Question 26 What is the message?
A. Each student needs to pay $50 for the library to buy new books.
B. Each student needs to pay $50 for classroom supplies.
C. Each student needs to pay $50 in tuition.
D. Each student needs to pay $50 for a field trip.

#27-28

Question 27 Who is the speaker addressing?
A. The speaker's teacher
B. The speaker's sister
C. The speaker's friend
D. The speaker's brother

Question 28 What holiday is this?
A. Christmas
B. Labor Day
C. Memorial Day
D. Thanksgiving

#29-30

Question 29 What organization is this message from?
A. Senior center
B. Daycare center
C. Community center
D. Sports cetner

Question 30 What number would you press for English?
A. 1
B. 2
C. 7
D. 0

SAT II Chinese Simulated Test Two

Section I: Listening Comprehension

PART A

Directions: In this section you will hear short questions, statements or exchanges in Mandarin Chinese followed by three responses designated (A), (B), and (C). You will hear both the selections and responses only once and they are not printed in your test booklet. Therefore, you must listen very carefully. Choose the best response to the selection given and fill in the corresponding oval on your answer sheet.

Question 1
你的毛笔字写得很漂亮！
A，谢谢。你过奖了
B，我在唐人街买的毛笔。
C，毛笔字写出来是很漂亮的。

Question 2
你们现在点菜吗？
A，我们没有点白菜。
B，没点什么好吃的菜。
C，再等等吧，还有一位没到呢。

Question 3
你下个周末做什么？
A，下个星期六我要参加网球公开赛。
B，我和同学上个周末看电影了。
C，我不喜欢周末做作业。

Question 4
我们学校这个星期是期末考试，你们学校呢？
A，我们学校考试成绩很好的。
B，我们学校是上个星期考的。
C，我们学校比你们学校考得好多了。

Question 5
请问银行明天几点开门？
A，银行明天放假。
B，银行昨天是十点开门的。
C，银行明天不放假。

Question 6
你现在在哪里打工？
A，在一家中国餐馆儿送外卖。
B，打工很辛苦。
C，工作很不好找。

Question 7
中学生可以喝酒吗？
A，不可以，二十一岁以下喝酒是违法的。
B，成人可以喝酒。
C，中学生可以不喝酒。

Question 8
你知道端午节是纪念谁的吗？
A，我知道，是纪念孔子的。
B，我知道，是纪念孙中山的。
C，我知道，是纪念屈原的。

Question 9
你可来了，我们等你好半天了。
A，对不起，路上车太多，走不动。
B，我昨天没来。
C，对不起，我没等你们。

Question 10
这是你的书吗？
A，没什么。
B，不知道。
C，是的，谢谢。

Question 11
你今天下课后去开会吗？
A，不可能吧，上课怎么开会呢。
B，是啊，今天忙死了。
C，下课后可以不去开会。

Question 12
你知道小明在哪里吗？
A，没什么。
B，不知道。
C，小明不在那里。

Question 13
你这学期修了几门课？
A，我修了五门课。
B，物理和化学。
C，我没修生物课。

Question 14
请问，现在几点了？
A，别着急，还早呢。
B，还没到时间呢。
C，刚刚八点钟。

Question 15
请出示您的护照，谢谢合作，一路顺风。
A，这是在机场。
B，这是在餐馆。
C，这是在图书馆。

PART B

Directions: In this section you will hear a series of short selections. You will hear them only once and they are not printed in your test booklet. After each selection, you will be asked one or more questions on what you have just heard. These questions are printed in your test booklet and have four possible answer choices. Choose the best response to the selection given and fill in the corresponding oval on your answer sheet. You have 15 seconds to answer each question.

#16-18

李太太，您好。我是 33 班的家长代表丽莎。这个周是感谢教师周，我准备了一张感谢卡，想让每个学生签上名字，周五送给老师。明天上学前我在教室门口等你和小明。谢谢！

#19-20

各位家长请注意，感谢你来学校参加我们本年度最盛大的学术活动，本次的年度科学展览会到此结束，谢谢各位，祝大家晚安！

#21-22

大卫，您好！忙什么哪？

是丽萨呀！好久没有见到你了。我下个学期要去社区学院读护士，最近正忙这事儿呢。您怎么样？

真不错！男护士一定很好找工作。我要去马里兰州读大学，毕业后作一名英文教师。

#23-24

各位家长：下周三，我们班要去参观纽约水族博物馆。现在我们还缺少三位成人监护员，如果您愿意做成人监护员，请您与学校办公室的秘书联系。谢谢！

#25-26

郭妈妈，您好。我是 101 班的家长代表凯丽。因学校经费削减，我们班的文具费不够用，所以，每位学生交 50 元来补充。明天上学前我在学校图书馆门口等你。谢谢！

#27-28

李老师，这是我的姐姐丽萨，她今年刚上大学。劳动节长周末，我姐姐开车回来看我们。

#29-30

你好，这里是老人活动中心，中文服务请按 1，英文服务请按 2，法文服务请按 7，其它请按 0。

SAT II Chinese Simulated Test Two

Section II: Grammar

Directions: Complete the sentences by choosing one of the four choices. Each question is presented in four different ways: simplified characters, traditional characters, pinyin, and Chinese phonetic alphabet (bo po mo fo).). Choose the writing form with which you are most familiar and read only from that column as you work through this section of the test. Bubble in the choice that best completes the sentence.

Question 31

墙上_______一幅美国地图。

A. 挂在
B. 挂着
C. 放下
D. 放上

牆上_______一幅美國地圖。

A. 掛在
B. 掛著
C. 放下
D. 放上

Qiáng shàng_______ yī fú měi guó dì tú。

A. guà zài
B. guà zhe
C. fàng xià
D. fàng shàng

ㄑㄧㄤˊ ㄕㄤˋ _______ ㄧ ㄈㄨˊ ㄇㄟˇ ㄍㄨㄛˊ ㄉㄧˋ ㄊㄨˊ 。

A. ㄍㄨㄚˋ ㄗㄞˋ
B. ㄍㄨㄚˋ ˙ㄓㄜ
C. ㄈㄤˋ ㄒㄧㄚˋ
D. ㄈㄤˋ ㄕㄤˋ

Question 32

这家餐馆的海鲜很有特色，他们清蒸鱼做_______很好吃。

A. 的
B. 地
C. 得
D. 条

這家餐館的海鮮很有特色，他們清蒸魚做_______很好吃。

A. 的
B. 地
C. 得
D. 條

Zhè jiā cān guǎn de hǎi xiān hěn yǒu tè sè，tā men qīng zhēng yú zuò_______ hěn hǎo chī。

A. de
B. dì
C. de
D. tiáo

ㄓㄜˋ ㄐㄧㄚ ㄘㄢ ㄍㄨㄢˇ ˙ㄉㄜ ㄏㄞˇ ㄒㄧㄢ ㄏㄣˇ ㄧㄡˇ ㄊㄜˋ ㄙㄜˋ ，ㄊㄚ ˙ㄇㄣ ㄑㄧㄥ ㄓㄥ ㄩˊ ㄗㄨㄛˋ _______ㄏㄣˇ ㄏㄠˇ ㄔ 。

A. ˙ㄉㄜ
B. ㄉㄧˋ
C. ㄉㄜˊ
D. ㄊㄧㄠˊ

Question 33

妹妹长得___来____高。

A. 也，也
B. 又，又
C. 越，越
D. 一边，一边

妹妹長得___來____高。

A. 也，也
B. 又，又
C. 越，越
D. 一邊，一邊

Mèi mèi zhǎng de____ lái___ gāo。

A. yě，yě
B. yòu，yòu
C. yuè，yuè
D. yī biān，yī biān

ㄇㄟˋ ㄇㄟˋ ㄓㄤˇ ㄉㄜˊ ____ㄌㄞˊ ____ㄍㄠ 。

A. ㄧㄝˇ，ㄧㄝˇ
B. ㄧㄡˋ，ㄧㄡˋ
C. ㄩㄝˋ，ㄩㄝˋ
D. ㄧ ㄅㄧㄢ，ㄧ ㄅㄧㄢ

Question 34

妈妈：“你看见我的眼镜了_______？”
儿子：“我没看见。”

A. 吧
B. 吗
C. 么
D. 呵

媽媽：“你看見我的眼鏡了_______？”
兒子：“我沒看見。”

A. 吧
B. 嗎
C. 么
D. 呵

Māma：“nǐ kàn jiàn wǒ de yǎn jìng le _______？”
Erzi：“wǒ méi kàn jiàn。”

A. ba
B. ma
C. mo
D. hē

ㄇㄚ ㄇㄚ：“ㄋㄧˇ ㄎㄢˋ ㄐㄧㄢˋ ㄨㄛˇ ˙ㄉㄜ ㄧㄢˇ ㄐㄧㄥˋ ˙ㄌㄜ _______？”
ㄖㄣˊ ˙ㄗ：“ㄨㄛˇ ㄇㄟˊ ㄎㄢˋ ㄐㄧㄢˋ 。”

A. ˙ㄅㄚ
B. ˙ㄇㄚ
C. ㄧㄠ
D. ㄏㄜ

Question 35

爸爸 总是_______我的事情。

A. 记地住
B. 记住不
C. 记不住
D. 记的住

爸爸 總是_______我的事情。

A. 記地住
B. 記住不
C. 記不住
D. 記的住

Bàba zǒng shì_______ wǒ de shì qíng。

A. jì dì zhù
B. jì zhù bù
C. jì bù zhù
D. jì de zhù

ㄅㄚˋ ㄅㄚˋ ㄗㄨㄥˇ ㄕˋ _______ㄨㄛˇ ˙ㄉㄜ ㄕˋ ㄑㄧㄥˊ 。

A. ㄐㄧˋ ㄉㄧˋ ㄓㄨˋ
B. ㄐㄧˋ ㄓㄨˋ ㄅㄨˊ
C. ㄐㄧˋ ㄅㄨˊ ㄓㄨˋ
D. ㄐㄧˋ ˙ㄉㄜ ㄓㄨˋ

Question 36

这_______衣服的式样很特别。
A. 顶
B. 两
C. 件
D. 双

這_______衣服的式樣很特別。
A. 頂
B. 兩
C. 件
D. 雙

Zhè_______ yī fú de shì yàng hěn tè bié。
A. dǐng
B. liǎng
C. jiàn
D. shuāng

ㄓㄜˋ _______ ㄧ ㄈㄨˊ ˙ㄉㄜ ㄕˋ ㄧㄤˋ ㄏㄣˇ ㄊㄜˋ ㄅㄧㄝˊ。
A. ㄉㄧㄥˇ
B. ㄌㄧㄤˇ
C. ㄐㄧㄢˋ
D. ㄕㄨㄤ

Question 37

昨天，我去书店买了几_______杂志。
A. 条
B. 篇
C. 本
D. 双

昨天，我去書店買了幾_______雜誌。
A. 條
B. 篇
C. 本
D. 雙

Zuó tiān，wǒ qù shū diàn mǎi le jǐ_______ zá zhì。
A. tiáo
B. piān
C. běn
D. shuāng

ㄗㄨㄛˊ ㄊㄧㄢ，ㄨㄛˇ ㄑㄩˋ ㄕㄨ ㄉㄧㄢˋ ㄇㄞˇ ˙ㄌㄜ ㄐㄧˇ _______ ㄗㄚˊ ㄓˋ。
A. ㄊㄧㄠˊ
B. ㄆㄧㄢ
C. ㄅㄣˇ
D. ㄕㄨㄤ

Question 38

这是一_______开往上海的火车。
A. 顶
B. 架
C. 列
D. 座

這是一_______開往上海的火車。
A. 頂
B. 架
C. 列
D. 座

Zhè shì yī_______ kāi wǎng shàng hǎi de huǒ chē。
A. dǐng
B. jià
C. liè
D. zuò

ㄓㄜˋ ㄕˋ ㄧ _______ ㄎㄞ ㄨㄤˇ ㄕㄤˋ ㄏㄞˇ ˙ㄉㄜ ㄏㄨㄛˇ ㄔㄜ。
A. ㄉㄧㄥˇ
B. ㄐㄧㄚˋ
C. ㄌㄧㄝˋ
D. ㄗㄨㄛˋ

Question 39

昨天晚上，山上下了一______大雨。

A. 场
B. 个
C. 次
D. 座

昨天晚上，山上下了一______大雨。

A. 場
B. 個
C. 次
D. 座

Zuó tiān wǎn shàng，shān shàng xià le yī______ dà yǔ。

A. cháng
B. gè
C. cì
D. zuò

ㄗㄨㄛˊ ㄊㄧㄢ ㄨㄢˇ ㄕㄤˋ，ㄕㄢ ㄕㄤˋ ㄒㄧㄚˋ ˙ㄌㄜ ㄧ______ㄉㄚˋ ㄩˇ。

A. ㄔㄤˇ
B. ㄍㄜˋ
C. ㄘˋ
D. ㄗㄨㄛˋ

Question 40

______下大雪，______学校放假了。

A. 因为，所以
B. 不但，而且
C. 只有，才
D. 只要，就

______下大雪，______學校放假了。

A. 因為，所以
B. 不但，而且
C. 只有，才
D. 只要，就

______ xià dà xuě，______ xué xiào fàng jiǎ le。

A. Yīn wéi，suǒ yǐ
B. Bú dàn，ér qiě
C. Zhī yǒu，cái
D. Zhī yào，jiù

______ㄒㄧㄚˋ ㄉㄚˋ ㄒㄩㄝˇ，______ㄒㄩㄝˊ ㄒㄧㄠˋ ㄈㄤˋ ㄐㄧㄚˇ ˙ㄌㄜ。

A. ㄧㄣ ㄨㄟˊ，ㄙㄨㄛˇ ㄧˇ
B. ㄅㄨˊ ㄉㄢˋ，ㄦˊ ㄑㄧㄝˇ
C. ㄓˇ ㄧㄡˇ，ㄘㄞˊ
D. ㄓˇ ㄧㄠˋ，ㄐㄧㄡˋ

Question 41

______妈妈告诉我，不然我就忘记交给你了。

A. 幸亏
B. 幸福
C. 幸运
D. 幸免

______媽媽告訴我，不然我就忘記交給你了。

A. 幸虧
B. 幸福
C. 幸運
D. 幸免

______ māma gào sù wǒ，bù rán wǒ jiù wàng jì jiāo gěi nǐ le。

A. Xìng kuī
B. Xìng fú
C. Xìng yùn
D. Xìng miǎn

______ㄇㄚ ㄇㄚ ㄍㄠˋ ㄙㄨˋ ㄨㄛˇ，ㄅㄨˋ ㄖㄢˊ ㄨㄛˇ ㄐㄧㄡˋ ㄨㄤˋ ㄐㄧˋ ㄐㄧㄠ ㄍㄟˇ ㄋㄧˇ ˙ㄌㄜ。

A. ㄒㄧㄥˋ ㄎㄨㄟ
B. ㄒㄧㄥˋ ㄈㄨˊ
C. ㄒㄧㄥˋ ㄩㄣˋ
D. ㄒㄧㄥˋ ㄇㄧㄢˇ

Question 42

同学们_______说_______笑，开心极了。
A. 又，又
B. 不，不
C. 大，大
D. 小，小

同學們_____說 ____笑，開心極了。
A. 又，,又
B. 不，不
C. 大，大
D. 小，小

Tóng xué men_______ shuō _______ xiào，kāi xīn jí le。
A. yòu，, yòu
B. bù，bù
C. dà，dà
D. xiǎo，xiǎo

ㄊㄨㄥˊ ㄒㄩㄝˊ ㄇㄣ˙ _______ ㄕㄨㄛ _______ ㄒㄧㄠˋ，ㄎㄞ ㄒㄧㄣ ㄐㄧˊ ㄌㄜ˙。
A. ㄧㄡˋ ，,ㄧㄡˋ
B. ㄅㄨˋ ，ㄅㄨˋ
C. ㄉㄚˋ ，ㄉㄚˋ
D. ㄒㄧㄠˇ ，ㄒㄧㄠˇ

Question 43

大江，您_______了？感觉好一些了吗？
A. 什么样
B. 怎么样
C. 那么样
D. 这么样

大江，您____了？感覺好一些了嗎？
A. 什麼樣
B. 怎麼樣
C. 那麼樣
D. 這麼樣

Dà jiāng，nín_______ le？gǎn jué hǎo yī xiē le ma？
A. shén mo yàng
B. zěn mo yàng
C. nà mo yàng
D. zhè mo yàng

ㄉㄚˋ ㄐㄧㄤ ，ㄋㄧㄣˊ _______ ㄌㄜ˙ ？ㄍㄢˇ ㄐㄩㄝˊ ㄏㄠˇ ㄧ ㄒㄧㄝ ㄌㄜ˙ ㄇㄚ˙ ？
A. ㄕㄜˊ ㄇㄛ ㄧㄤˋ
B. ㄗㄣˇ ㄇㄛ ㄧㄤˋ
C. ㄋㄚˇ ㄇㄛ ㄧㄤˋ
D. ㄓㄜˋ ㄇㄛ ㄧㄤˋ

Question 44

我今年_______买了一辆摩托车。
A. 刚才
B. 刚刚
C. 了
D. 都

我今年_______買了一輛摩托車。
A. 剛才
B. 剛剛
C. 了
D. 都

Wǒ jīn nián_______ mǎi le yī liàng mó tuō chē。
A. gāng cái
B. gāng gāng
C. le
D. dōu

ㄨㄛˇ ㄐㄧㄣ ㄋㄧㄢˊ _______ ㄇㄞˇ ㄌㄜ˙ ㄧ ㄌㄧㄤˋ ㄇㄛˊ ㄊㄨㄛ ㄔㄜ 。
A. ㄍㄤ ㄘㄞˊ
B. ㄍㄤ ㄍㄤ
C. ㄌㄜ˙
D. ㄉㄡ

Question 45

中国杭州_____风景优美而闻名天下。
- A. 向
- B. 以
- C. 就
- D. 为

中國杭州___風景優美而聞名天下。
- A. 向
- B. 以
- C. 就
- D. 為

Zhōng guó háng zhōu_______ fēng jǐng yōu měi ér wén míng tiān xià。
- A. xiàng
- B. yǐ
- C. jiù
- D. wéi

ㄓㄨㄥ ㄍㄨㄛˊ ㄏㄤˊ ㄓㄡ ________ ㄈㄥ ㄐㄧㄥˇ ㄧㄡ ㄇㄟˇ ㄦˊ ㄨㄣˊ ㄇㄧㄥˊ ㄊㄧㄢ ㄒㄧㄚˋ 。
- A. ㄒㄧㄤˋ
- B. ㄧˇ
- C. ㄐㄧㄡˋ
- D. ㄨㄟˊ

Question 46

中国大陆_______地方的春节习俗不一样。
- A. 个
- B. 各
- C. 那
- D. 这

中國大陸_____地方的春節習俗不一樣。
- A. 個
- B. 各
- C. 那
- D. 這

Zhōng guó dà lù_______ dì fāng de chūn jié xí sú bù yī yàng。
- A. gè
- B. gè
- C. nà
- D. zhè

ㄓㄨㄥ ㄍㄨㄛˊ ㄉㄚˋ ㄌㄨˋ ________ ㄉㄧˋ ㄈㄤ ˙ㄉㄜ ㄔㄨㄣ ㄐㄧㄝˊ ㄒㄧˊ ㄙㄨˊ ㄅㄨˊ ㄧ ㄧㄤˋ 。
- A. ˙ㄍㄜ
- B. ㄍㄜˋ
- C. ㄋㄚˇ
- D. ㄓㄜˋ

Question 47

去五号登机口 应该 _______前走。
- A. 往
- B. 王
- C. 网
- D. 望

去五號登機口 應該 _______前走。
- A. 往
- B. 王
- C. 網
- D. 望

Qù wǔ hào dēng jī kǒu yīng gāi _______ qián zǒu。
- A. wǎng
- B. wáng
- C. wǎng
- D. wàng

ㄑㄩˋ ㄨˇ ㄏㄠˋ ㄉㄥ ㄐㄧ ㄎㄡˇ ㄧㄥ ㄍㄞ ________ ㄑㄧㄢˊ ㄗㄡˇ 。
- A. ㄨㄤˇ
- B. ㄨㄤˊ
- C. ㄨㄤˇ
- D. ㄨㄤˋ

Question 48

我早来了______。

A. 半个多小时
B. 多半个小时
C. 半多个小时
D. 多个半小时

我早來了______。

A. 半個多小時
B. 多半個小時
C. 半多個小時
D. 多個半小時

Wǒ zǎo lái le______。

A. bàn gè duō xiǎo shí
B. duō bàn gè xiǎo shí
C. bàn duō gè xiǎo shí
D. duō gè bàn xiǎo shí

ㄨㄛˇ ㄗㄠˇ ㄌㄞˊ ˙ㄌㄜ ______。

A. ㄅㄢˋ ˙ㄍㄜ ㄉㄨㄛ ㄒㄧㄠˇ ㄕˊ
B. ㄉㄨㄛ ㄅㄢˋ ˙ㄍㄜ ㄒㄧㄠˇ ㄕˊ
C. ㄅㄢˋ ㄉㄨㄛ ˙ㄍㄜ ㄒㄧㄠˇ ㄕˊ
D. ㄉㄨㄛ ˙ㄍㄜ ㄅㄢˋ ㄒㄧㄠˇ ㄕˊ

Question 49

林大力一进来，就______窗户打开了。

A. 被
B. 把
C. 替
D. 就

林大力一進來，就______窗戶打開了。

A. 被
B. 把
C. 替
D. 就

Lín dà lì yī jìn lái，jiù______ chuāng hù dǎ kāi le。

A. bèi
B. bǎ
C. tì
D. jiù

ㄌㄧㄣˊ ㄉㄚˋ ㄌㄧˋ ㄧ ㄐㄧㄣˋ ㄌㄞˊ，ㄐㄧㄡˋ ______ㄔㄨㄤ ㄏㄨˋ ㄉㄚˇ ㄎㄞ ˙ㄌㄜ 。

A. ㄅㄟˋ
B. ㄅㄚˇ
C. ㄊㄧˋ
D. ㄐㄧㄡˋ

Question 50

他最______在大家面前说话了。

A. 可怕
B. 害怕
C. 恐怕
D. 那怕

他最______在大家面前說話了。

A. 可怕
B. 害怕
C. 恐怕
D. 那怕

Tā zuì______ zài dà jiā miàn qián shuō huà le。

A. kě pà
B. hài pà
C. kǒng pà
D. nà pà

ㄊㄚ ㄗㄨㄟˋ ______ㄗㄞˋ ㄉㄚˋ ㄐㄧㄚ ㄇㄧㄢˋ ㄑㄧㄢˊ ㄕㄨㄛ ㄏㄨㄚˋ ˙ㄌㄜ 。

A. ㄎㄜˇ ㄆㄚˋ
B. ㄏㄞˋ ㄆㄚˋ
C. ㄎㄨㄥˇ ㄆㄚˋ
D. ㄋㄚˇ ㄆㄚˋ

Question 51

这本小说真不错，我昨天_______看了一遍。

A. 有
B. 又
C. 再
D. 在

這本小說真不錯，我昨天_______看了一遍。

A. 有
B. 又
C. 再
D. 在

Zhè běn xiǎo shuō zhēn bú cuò，wǒ zuó tiān_______ kàn le yī biàn。

A. yǒu
B. yòu
C. zài
D. zài

ㄓㄜˋ ㄅㄣˇ ㄒㄧㄠˇ ㄕㄨㄛ ㄓㄣ ㄅㄨˊ ㄘㄨㄛˋ，ㄨㄛˇ ㄗㄨㄛˊ ㄊㄧㄢ _______ ㄎㄢˋ ˙ㄌㄜ ㄧ ㄅㄧㄢˋ 。

A. ㄧㄡˇ
B. ㄧㄡˋ
C. ㄗㄞˋ
D. ㄗㄞˋ

Question 52

这种巧克力很好吃，要不要_______？

A. 听一听
B. 说一说
C. 尝一尝
D. 见一见

這種巧克力很好吃，要不要_______？

A. 聽一聽
B. 說一說
C. 嚐一嚐
D. 見一見

Zhè zhòng qiǎo kè lì hěn hǎo chī，yào bú yào_______？

A. tīng yī tīng
B. shuō yī shuō
C. cháng yī cháng
D. jiàn yī jiàn

ㄓㄜˋ ㄓㄨㄥˇ ㄑㄧㄠˇ ㄎㄜˋ ㄌㄧˋ ㄏㄣˇ ㄏㄠˇ ㄔ，ㄧㄠˋ ㄅㄨˊ ㄧㄠˋ _______？

A. ㄊㄧㄥ ㄧ ㄊㄧㄥ
B. ㄕㄨㄛ ㄧ ㄕㄨㄛ
C. ㄔㄤˊ ㄧ ㄔㄤˊ
D. ㄐㄧㄢˋ ㄧ ㄐㄧㄢˋ

Question 53

他很_______他的弟弟。

A. 知道
B. 了解
C. 认识
D. 明白

他很_______他的弟弟。

A. 知道
B. 了解
C. 認識
D. 明白

Tā hěn_______ tā de dìdi。

A. zhī dào
B. liǎo jiě
C. rèn shí
D. míng bái

ㄊㄚ ㄏㄣˇ _______ ㄊㄚ ˙ㄉㄜ ㄉㄧˋ ㄉㄧˋ 。

A. ㄓ ㄉㄠˋ
B. ˙ㄌㄜ ㄐㄧㄝˇ
C. ㄖㄣˋ ㄕˋ
D. ㄇㄧㄥˊ ㄅㄞˊ

Question 54

他说话的方式有一点儿_______。
- A. 只是
- B. 尤其
- C. 特別
- D. 其实

他說話的方式有一點兒_______。
- A. 只是
- B. 尤其
- C. 特別
- D. 其實

Tā shuō huà de fāng shì yǒu yī diǎnr_______ 。
- A. zhī shì
- B. yóu qí
- C. tè bié
- D. qí shí

ㄊㄚ ㄕㄨㄛ ㄏㄨㄚˋ ˙ㄉㄜ ㄈㄤ ㄕˋ ㄧㄡˇ ㄧ ㄉㄧㄢˇ ㄖㄣˊ _______ 。
- A. ㄓˇ ㄕˋ
- B. ㄧㄡˊ ㄑㄧˊ
- C. ㄊㄜˋ ㄅㄧㄝˊ
- D. ㄑㄧˊ ㄕˊ

Question 55

那个戴帽子的小姑娘_______地回家了。
- A. 开开心心
- B. 开心开心
- C. 开心很
- D. 开心十分

那個戴帽子的小姑娘_______地回家了。
- A. 開開心心
- B. 開心開心
- C. 開心很
- D. 開心十分

Nà gè dài màozi de xiǎo gū niáng_______ di huí jiā le。
- A. kāi kāi xīn xīn
- B. kāi xīn kāi xīn
- C. kāi xīn hěn
- D. kāi xīn shí fēn

ㄋㄚˇ ˙ㄍㄜ ㄉㄞˋ ㄇㄠˋ ㄗ ˙ㄉㄜ ㄒㄧㄠˇ ㄍㄨ ㄋㄧㄤˊ _______ ㄉㄧˋ ㄏㄨㄟˊ ㄐㄧㄚ ˙ㄌㄜ 。
- A. ㄎㄞ ㄎㄞ ㄒㄧㄣ ㄒㄧㄣ
- B. ㄎㄞ ㄒㄧㄣ ㄎㄞ ㄒㄧㄣ
- C. ㄎㄞ ㄒㄧㄣ ㄏㄣˇ
- D. ㄎㄞ ㄒㄧㄣ ㄈㄣ

SAT II Chinese Simulated Test Two

Section III: Reading Comprehension

Directions: Read the following selections carefully. Answer the questions corresponding to each selection by selecting one of the four choices. Bubble in the best answer on the answer sheet. Each selection is presented in both traditional and simplified Chinese; you may use either to answer the questions.

王老师： 明天下午一点钟，我要去中山公园的濒危动物保护处开会，这是今年最后一次会了。中文课的考试我不能参加了。可不可以后天中饭的时间补考？ 马丽	王老師： 明天下午一點鍾，我要去中山公園的瀕危動物保護處開會，這是今年最後一次會了。中文課的考試我不能參加了。可不可以後天中飯的時間補考？ 馬麗

Question 56 Who is going to a meeting at Zhongshang Park?

A. Wang Laoshi
B. Ma Li
C. Ma Li's friend
D. Ma Li and Wang Laoshi

Question 57 When is Ma Li going to make up her Chinese exam?

A. Tomorrow
B. Today
C. Day after tomorrow
D. Next week

Question 58 What is the meeting about?

A. Environment protection
B. Endangered species protection
C. Oil spills
D. Water conservation

排队购票，文明乘车	排隊購票，文明乘車

Question 59 Who is this sign directed toward?

A. Passengers
B. Drivers
C. Police
D. Employees

禁止通行	禁止通行

Question 60 What does the above sign say?

A. "One-Way"
B. "Do Not Enter"
C. "Yield"
D. "Right Turn Only"

美华理发店 星期一至星期六 上午十点至晚上九点 星期天休息	美華理髮店 星期一至星期六 上午十點至晚上九點 星期天休息

Question 61 Where would you encounter this sign?

A. Police station
B. Barber shop
C. Supermarket
D. Department store

Question 62 What time does it open on Sunday?

A. 10:00 am
B. 1:00 pm
C. 9:00 am
D. It is closed on Sundays

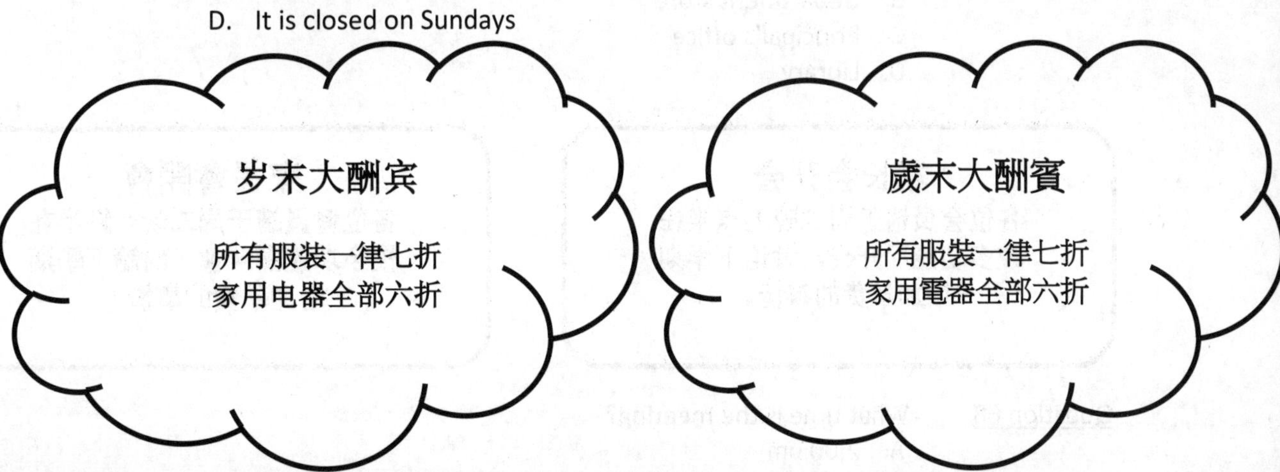

Question 63 Around what time would you see this sign?

A. End of the year
B. Beginning of the year
C. End of the month
D. End of the week

Question 64 According to the sign, what happens during this time?
A. Sale
B. Free shipping
C. Free gift with purchase
D. Free samples

Question 65 If you wanted to buy a washing machine that is $500 at full price, how much would you pay at this time?
A. $500
B. $300
C. $200
D. $350

谢谢惠顾

謝謝惠顧

Question 66 What does this sign mean?
A. Thank you for not smoking
B. Thank you for coming
C. Goodbye
D. You're welcome

报刊杂志借阅处

報刊雜誌借閱處

Question 67 What would you see this sign?
A. Supermarket
B. Department store
C. Principal's office
D. Library

家长会开会
各位会员请于周二晚七点半在校多功能厅开会，讨论下学期增加学费的事情。

家長會開會
各位會員請于周二晚七點半在校多功能廳開會，討論下學期增加學費的事情。

Question 68 What time is the meeting?
A. 2:00 pm
B. 7:00 pm
C. 7:30 pm
D. 7:30 am

Question 69 What is the meeting about?

A. Additional music classes
B. Tuition increase
C. Increased enrollment
D. Raise teachers' salaries

中华美食楼

堂吃外卖，各种菜式，承包宴会，欢迎惠顾。

中華美食樓

堂吃外賣，各種菜式，承包宴會，歡迎惠顧。

Question 70 What kind of restaurant is this?

A. Italian
B. Mexican
C. Indian
D. Chinese

Question 71 What type of ordering is not included?

A. To go
B. Sit-down
C. Catering
D. Banquet-style

垃圾分类，保护环境

垃圾分類，保護環境

Question 72 Where would you encounter this sign?

A. Water fountain
B. Recycling station
C. Fitting room
D. Police station

易碎品，小心轻放

易碎品，小心輕放

Question 73 What item could have this label?

A. Books
B. Bed sheets
C. Glass vase
D. Clothing

给孩子一个难忘的童年，让我们共同创造美好环境。

給孩子一個難忘的童年，讓我們共同創造美好環境。

Question 74 Where would you see this posting?

A. Daycare
B. Senior home
C. College dorm
D. Fire truck

Question 75 Who is this posting addressing?

A. College professors
B. Basketball team
C. Lawyers
D. Parents

饺子的煮法
水烧开后，将饺子轻轻放入水中。煮开后，饺子浮在水面上，加少许凉水。如此重复三次，饺子就煮好了。

餃子的煮法
水燒開後，將餃子輕輕放入水中。煮開後，餃子浮在水面上，加少許涼水。如此重複三次，餃子就煮好了。

Question 76 What are these directions for?

A. Dumplings
B. Rice cake
C. Pork buns
D. Porridge

Question 77 How many times must they be boiled in water?

A. Once
B. Twice
C. Three times
D. Four times

游客止步

遊客止步

Question 78 Who is this sign directed toward?

A. Tourists
B. Employees
C. Swimmers
D. Police

台北日报

台北日報

Question 79 Where is this newspaper from?

A. Taipei
B. Beijing
C. Shanghai
D. New York

美国十日游
旧金山，洛杉矶，华盛顿，黄石公园，落基山脉。
每人三万五千人民币

美國十日游
舊金山，洛杉磯，華盛頓，黃石公園，洛基山脈。
每人三万五千人民幣

Question 80 What destination is this posting advertisement?

A. Taiwan
B. China
C. America
D. Hong Kong

Question 81 Which city is being visited?

A. Taipei
B. Beijing
C. San Francisco
D. Jiulong

每年圣诞节，加州大学的大学生联谊会都会举办庆祝晚会。很高兴在今年的晚会上，我结识了几位来自于香港的留学生，他们向我介绍了许多关于香港的风土人情。

每年聖誕節，加州大學的大學生聯誼會都會舉辦慶祝晚會。很高興在今年的晚會上，我結識了幾位來自於香港的留學生，他們向我介紹了許多關於香港的風土人情。

Question 82 When will the University of California hold a party?

A. New Year
B. Thanksgiving
C. Christmas
D. Halloween

Question 83 Where are his new foreign exchange student friends from?

A. Beijing
B. Hong Kong
C. Taipei
D. Moscow

今年一月，中国铁路局宣布，由于春节回乡过节的人数剧增，所有特快列车均增加班次。同时，为保证所有乘客的乘车安全，所有购票者均需要出示有效证件。	今年一月，中國鐵路局宣布，由於春節回鄉過節的人數劇增，所有特快列車均增加班次。同時，為保證所有乘客的乘車安全，所有購票者均需要出示有效證件。

Question 84 Who posted this?

A. Chinese Airline Committee
B. Chinese Travel Committee
C. Chinese Postal Office
D. Chinese Railroad Committee

Question 85 When are additional shifts added?

A. Around Chinese New Year
B. Around Independence Day
C. Around Moon Festival
D. Around Dragon Boat Festival

SAT II Chinese Simulated Test Three
Section I: Listening Comprehension

PART A

Directions: In this section you will hear short questions, statements or exchanges in Mandarin Chinese followed by three responses designated (A), (B), and (C). You will hear both the selections and responses only once and they are not printed in your test booklet. Therefore, you must listen very carefully. Choose the best response to the selection given and fill in the corresponding oval on your answer sheet.

Question 1 (A) (B) (C)

Question 2 (A) (B) (C)

Question 3 (A) (B) (C)

Question 4 (A) (B) (C)

Question 5 (A) (B) (C)

Question 6 (A) (B) (C)

Question 7 (A) (B) (C)

Question 8 (A) (B) (C)

Question 9 (A) (B) (C)

Question 10 (A) (B) (C)

Question 11 (A) (B) (C)

Question 12 (A) (B) (C)

Question 13 (A) (B) (C)

Question 14 (A) (B) (C)

Question 15 (A) (B) (C)

PART B

Directions: In this section you will hear a series of short selections. You will hear them only once and they are not printed in your test booklet. After each selection, you will be asked one or more questions on what you have just heard. These questions are printed in your test booklet and have four possible answer choices. Choose the best response to the selection given and fill in the corresponding oval on your answer sheet. You have 15 seconds to answer each question.

#16-17

Question 16 Who is this message for?
- A. Dr. Chen
- B. Xiaoqiang
- C. Mrs. Ma
- D. Lisa

Question 17 When is the appointment time?
- A. Tomorrow at 3:30 pm
- B. Today at 3:30 pm
- C. Tomorrow at 3 pm
- D. Today at 3 pm

#18-19

Question 18 What is this announcement regarding?
- A. Parents' meeting
- B. Lost child found
- C. Pick up lost item
- D. Childcare seminar

Question 19 Which person is the parent?
- A. Lin
- B. Lili
- C. Liu
- D. Liang

#20-21

Question 20 Which two people are having this conversation?
- A. Two teacher
- B. Two students
- C. A teacher and a student
- D. Two colleagues

Question 21 What is the assigned homework?
- A. Workbook page 35, problems 3 and 5
- B. Textbook page 55, first 8 problems
- C. Workbook page 35, problem 5
- D. Textbook page 35, problems 3 and 5

#22-23

Question 22 Which meeting was canceled?
- A. The meeting after lunch tomorrow
- B. The meeting before lunch tomorrow
- C. The meeting after lunch today
- D. The meeting before lunch today

Question 23 Which club posted this announcement?

A. Science Club
B. Astronomy Club
C. Soccer Club
D. Tropical Fish Preservation Club

#24-25

<u>Question 24</u> Which event time was changed?

A. Parade
B. Competition
C. Class
D. Rehearsal

<u>Question 25</u> Who left the message?

A. Dashan's friend
B. Dashan's teacher
C. Dashan's mother
D. Dashan's father

#26-27

<u>Question 26</u> Who is the computer expert?

A. Laoli
B. Lisa
C. Laoli's friend
D. Lisa's brother

<u>Question 27</u> Who is this conversation between?

A. Two friends
B. Student and Teacher
C. Customer and Cashier
D. Policeman and Driver

#28-30

<u>Question 28</u> Where is this recording from?

A. Testing center
B. Hospital
C. Recreation center
D. Library

<u>Question 29</u> What does the recording want you to do?

A. Leave phone number and name
B. Leave name and date of birth
C. Leave name and address
D. Leave credit card information

<u>Question 30</u> When will you receive a call back?

A. Within 1 day
B. Within 2 days
C. Within 3 days
D. Within 7 days

SAT II Chinese Simulated Test Three
Section I: Listening Comprehension

PART A

Directions: In this section you will hear short questions, statements or exchanges in Mandarin Chinese followed by three responses designated (A), (B), and (C). You will hear both the selections and responses only once and they are not printed in your test booklet. Therefore, you must listen very carefully. Choose the best response to the selection given and fill in the corresponding oval on your answer sheet.

Question 1
你表演的这一套太极拳很有功力，真不错！
A，多谢，过奖了。
B，你也会打太极拳呀。
C，太极拳很有功力。

Question 2
你们要喝点儿什么？
A，一客绿茶冰激凌。
B，一壶西湖龙井茶。
C，一份火鸡三明治。

Question 3
你喜欢上网吗？
A，不喜欢，我觉得太浪费时间。
B，去哪里上网？
C，上网很有意思。

Question 4
听说你下学期要修 AP 电脑课，是吗？
A，是啊。
B，不可能吧。
C，真的吗？

Question 5
你知道大卫在哪里学中文吗？
A，在中国南京大学中文系。
B，在中文系南京大学中国。
C，在南京大学中文系中国

Question 6
请问，还要点什么吗？
A，还有一位没来，再等一等。
B，我们还没点菜呢。
C，不要了，我们可以结账了。

Question 7
苹果怎么卖？
A，这是新上市的富士苹果。
B，苹果很便宜。
C，红的一块一斤，绿的一块五一斤。

Question 8
你知道中国人生活中最大的传统节日是哪一个吗？
A，春节。
B，国庆节。
C，母亲节。

Question 9
今天考试考得怎么样？
A，马马虎虎。
B，今天考数学了。
C，考试的人很多。

Question 10
我可以借用一下你的字典吗？
A，当然可以了。
B，谢谢你。
C，不客气。

Question 11
可以借我笔用一下吗？
A，不客气，你慢用。
B，谢谢，谢谢。
C，可以，可以。

Question 12
您贵姓？
A，我不姓贵。
B，免贵，姓张。
C，您贵姓？

Question 13
妈妈，我的作业忘在书桌上了，您现在送过来可以吗？
A，他的作业没做完。
B，他的作业忘带了。
C，妈妈忘记给他送作业了。

Question 14
您知道几点开会吗？
A，十点的会不开了。
B，十点开始。
C，十点的会开不了了。

Question 15
真让人着急，我们该不会晚点吧？
A，他们要去咖啡店。
B，他们要去搭飞机。
C，他们要回家。

PART B

Directions: In this section you will hear a series of short selections. You will hear them only once and they are not printed in your test booklet. After each selection, you will be asked one or more questions on what you have just heard. These questions are printed in your test booklet and have four possible answer choices. Choose the best response to the selection given and fill in the corresponding oval on your answer sheet. You have 15 seconds to answer each question.

#16-17
马太太，您好。我是陈医生牙科诊所的丽莎。想提醒你一下，明天下午三点半，您的儿子小强有一个洗牙与口腔检查的预约。有任何问题，请拨打我们的电话 321-4569876。谢谢！

#18-19
林家长请注意，您的孩子丽丽在三楼服务台等您，请您速到三楼服务台找刘先生。

#20-21
王老师，今天有作业吗？
有，课本第 35 页的第三题和第五题，练习册第 55 页的前八题，下周一交。
谢谢老师！
不客气，周末愉快！

#22-23
热带鱼保护俱乐部通知：原定于明天午餐后的会议临时取消，下次会议的时间待定，不便之处，敬请会员谅解。

#24-25
大山，明天的游行时间改在八点钟了，你七点半来我家，我爸爸可以把我们送过去。明天见！

#26-27
老李，这就是我上次跟您提到的丽萨。她是个电脑专家，凡是我解决不了的难题，到她手里，没有三分钟，就解决了。

#28-30
你好，这里是大华保龄球娱乐中心。你的来电对我们很重要，请留下你的电话和姓名，我们将在 24 小时内给你回电。谢谢！

SAT II Chinese Simulated Test Three

Section II: Grammar

Directions: Complete the sentences by choosing one of the four choices. Each question is presented in four different ways: simplified characters, traditional characters, pinyin, and Chinese phonetic alphabet (bo po mo fo). Choose the writing form with which you are most familiar and read only from that column as you work through this section of the test.Bubble in the choice that best completes the sentence.

Question 31

黑龙江里______许多中国制造的轮船。

A. 停在
B. 停着
C. 停止
D. 停下

黑龍江里______許多中國製造的輪船。

A. 停在
B. 停著
C. 停止
D. 停下

Hēi lóng jiāng lǐ______ xǔ duō zhōng guó zhì zào de lún chuán。

A. tíng zài
B. tíng zhù
C. tíng zhǐ
D. tíng xià

ㄏㄟ ㄌㄨㄥˊ ㄐㄧㄤ ㄌㄧˇ ______ㄒㄩˇ ㄉㄨㄛ ㄓㄨㄥ ㄍㄨㄛˊ ㄓˋ ㄗㄠˋ ˙ㄉㄜ ㄌㄨㄣˊ ㄔㄨㄢˊ 。

A. ㄊㄧㄥˊ ㄗㄞˋ
B. ㄊㄧㄥˊ ˙ㄓㄜ
C. ㄊㄧㄥˊ ㄓˇ
D. ㄊㄧㄥˊ ㄒㄧㄚˋ

Question 32

这家中餐馆的炸酱面很有特色，用______材料很地道。

A. 的
B. 地
C. 得
D. 了

這家中餐館的炸醬麵很有特色，用______材料很地道。

A. 的
B. 地
C. 得
D. 了

Zhè jiā zhōng cān guǎn de zhá jiàng miàn hěn yǒu tè sè，yòng ______ cái liào hěn dì dào。

A. de
B. dì
C. de
D. le

ㄓㄜˋ ㄐㄧㄚ ㄓㄨㄥ ㄘㄢ ㄍㄨㄢˇ ˙ㄉㄜ ㄓㄚˋ ㄐㄧㄤˋ ㄇㄧㄢˋ ㄏㄣˇ ㄧㄡˇ ㄊㄜˋ ㄙㄜˋ ，ㄩㄥˋ ______ㄘㄞˊ ㄌㄧㄠˋ ㄏㄣˇ ㄉㄧˋ ㄉㄠˋ 。

A. ˙ㄉㄜ
B. ㄉㄧˋ
C. ㄉㄜˊ
D. ˙ㄉㄜ

Question 33

昨天晚上山上_______一场大雨。

A. 下
B. 下了
C. 下面
D. 下去

昨天晚上山上_______一場大雨。

A．下
B．下了
C．下面
D．下去

Zuó tiān wǎn shàng shān shàng_______ yī cháng dà yǔ。

A. xià
B. xià le
C. xià miàn
D. xià qù

ㄗㄨㄛˊ ㄊㄧㄢ ㄨㄢˇ ㄕㄤˋ ㄕㄢ ㄕㄤˋ _______ ㄧ ㄔㄤˇ ㄉㄚˋ ㄩˇ 。

A. ㄒㄧㄚˋ
B. ㄒㄧㄚˋ ˙ㄌㄜ
C. ㄒㄧㄚˋ ㄇㄧㄢˋ
D. ㄒㄧㄚˋ ㄑㄩˋ

Question 34

哥哥：“今天下午你想跟我去打网球_______？”
弟弟：“好，几点去？”

A. 吧
B. 吗
C. 么
D. 呵

哥哥：“今天下午你想跟我去打網球_______？”
弟弟：“好，幾點去？”

A. 吧
B. 嗎
C. 么
D. 呵

Gē gē：“jīn tiān xià wǔ nǐ xiǎng gēn wǒ qù dǎ wǎng qiú_______？”
Dì dì：“hǎo，jǐ diǎn qù？”

A. ba
B. ma
C. mo
D. hē

ㄍㄜ ㄍㄜ ：“ㄐㄧㄣ ㄊㄧㄢ ㄒㄧㄚˋ ㄨˇ ㄋㄧˇ ㄒㄧㄤˇ ㄍㄣ ㄨㄛˇ ㄑㄩˋ ㄉㄚˇ ㄨㄤˇ ㄑㄧㄡˊ _______？”
ㄉㄧˋ ㄉㄧˋ ：“ㄏㄠˇ ，ㄐㄧˇ ㄉㄧㄢˇ ㄑㄩˋ ？”

A. ˙ㄅㄚ
B. ˙ㄇㄚ
C. ㄧㄠ
D. ㄏㄜ

Question 35

王老师布置的作业太多了，我今天根本_______。

A. 不完成
B. 完不成
C. 完成不
D. 没完成

王老師布置的作業太多了，我今天根本_______。

A. 不完成
B. 完不成
C. 完成不
D. 沒完成

Wáng lǎo shī bù zhì de zuò yè tài duō le，wǒ jīn tiān gēn běn_______。

A. bù wán chéng
B. wán bù chéng
C. wán chéng bù
D. méi wán chéng

ㄨㄤˊ ㄌㄠˇ ㄕ ㄅㄨˋ ㄓˋ ˙ㄉㄜ ㄗㄨㄛˋ ㄧㄝˋ ㄊㄞˋ ㄉㄨㄛ ˙ㄌㄜ ，ㄨㄛˇ ㄐㄧㄣ ㄊㄧㄢ ㄍㄣ ㄅㄣˇ _______ 。

A. ㄅㄨˋ ㄨㄢˊ ㄔㄥˊ
B. ㄨㄢˊ ㄅㄨˋ ㄔㄥˊ
C. ㄨㄢˊ ㄔㄥˊ ㄅㄨˋ
D. ㄇㄟˊ ㄨㄢˊ ㄔㄥˊ

Question 36

我喜欢那______牛仔裤的款式。

A. 条
B. 两
C. 件
D. 双

我喜歡那______牛仔褲的款式。

A. 條
B. 兩
C. 件
D. 雙

Wǒ xǐ huān nà______ niú zǎi kù de kuǎn shì。

A. tiáo
B. liǎng
C. jiàn
D. shuāng

ㄨㄛˇ ㄒㄧˇ ㄏㄨㄢ ㄋㄚˇ ______ㄋㄧㄡˊ ㄗㄞˇ ㄎㄨˋ ˙ㄉㄜ ㄎㄨㄢˇ ㄕˋ 。

A. ㄊㄧㄠˊ
B. ㄌㄧㄤˇ
C. ㄐㄧㄢˋ
D. ㄕㄨㄤ

Question 37

我打算去那儿买一______报纸。

A. 把
B. 篇
C. 本
D. 份

我打算去那兒買一______報紙。

A. 把
B. 篇
C. 本
D. 份

Wǒ dǎ suàn qù nàr mǎi yī______ bào zhǐ。

A. bǎ
B. piān
C. běn
D. fèn

ㄨㄛˇ ㄉㄚˇ ㄙㄨㄢˋ ㄑㄩˋ ㄋㄚˇ ㄖㄣˊ ㄇㄞˇ ㄧ ______ㄅㄠˋ ㄓˇ 。

A. ㄅㄚˇ
B. ㄆㄧㄢ
C. ㄅㄣˇ
D. ㄈㄣˋ

Question 38

这______飞机马上就要起飞了。

A. 顶
B. 架
C. 列
D. 座

這______飛機馬上就要起飛了。

A. 頂
B. 架
C. 列
D. 座

Zhè______ fēi jī mǎ shàng jiù yào qǐ fēi le。

A. dǐng
B. jià
C. liè
D. zuò

ㄓㄜˋ ______ㄈㄟ ㄐㄧ ㄇㄚˇ ㄕㄤˋ ㄐㄧㄡˋ ㄧㄠˋ ㄑㄧˇ ㄈㄟ ˙ㄌㄜ 。

A. ㄉㄧㄥˇ
B. ㄐㄧㄚˋ
C. ㄌㄧㄝˋ
D. ㄗㄨㄛˋ

Question 39

这______大雪把上山的路给封住了。

A. 场
B. 阵
C. 次
D. 座

這_____大雪把上山的路給封住了。

A. 場
B. 陣
C. 次
D. 座

Zhè_______ dà xuě bǎ shàng shān de lù gěi fēng zhù le。

A. cháng
B. zhèn
C. cì
D. zuò

ㄓㄜˋ ______ ㄉㄚˋ ㄒㄩㄝˇ ㄅㄚˇ ㄕㄤˋ ㄕㄢ ˙ㄉㄜ ㄌㄨˋ ㄍㄟˇ ㄈㄥ ㄓㄨˋ ˙ㄌㄜ 。

A. ㄔㄤˇ
B. ㄓㄣˋ
C. ㄘˋ
D. ㄗㄨㄛˋ

Question 40

他______中文字写得好，______中国画画得也很好。

A. 因为，所以
B. 不但，而且
C. 只有，才
D. 只要，就

他______中文字寫得好，______中國畫畫得也很好。

A. 因為，所以
B. 不但，而且
C. 只有，才
D. 只要，就

Tā_______ zhōng wén zì xiě de hǎo，_______ zhōng guó huà huà de yě hěn hǎo。

A. yīn wéi，suǒ yǐ
B. bú dàn，ér qiě
C. zhī yǒu，cái
D. zhī yào，jiù

ㄊㄚ ______ ㄓㄨㄥ ㄨㄣˊ ㄗˋ ㄒㄧㄝˇ ㄉㄜˊ ㄏㄠˇ，______ ㄓㄨㄥ ㄍㄨㄛˊ ㄏㄨㄚˋ ㄏㄨㄚˋ ㄉㄜˊ ㄧㄝˇ ㄏㄣˇ ㄏㄠˇ 。

A. ㄧㄣ ㄨㄟˋ，ㄙㄨㄛˇ ㄧˇ
B. ㄅㄨˊ ㄉㄢˋ，ㄦˊ ㄑㄧㄝˇ
C. ㄓˇ ㄧㄡˇ，ㄘㄞˊ
D. ㄓˇ ㄧㄠˋ，ㄐㄧㄡˋ

Question 41

______路上堵车，______他迟到了。

A. 因为，所以
B. 不但，而且
C. 只有，就
D. 只要，才

______路上堵車，______他遲到了。

A. 因為，所以
B. 不但，而且
C. 只有，就
D. 只要，才

_______ lù shàng dǔ chē，_______ tā chí dào le。

A. Yīn wéi，suǒ yǐ
B. Bú dàn，ér qiě
C. Zhī yǒu，jiù
D. Zhī yào，cái

______ㄌㄨˋ ㄕㄤˋ ㄉㄨˇ ㄔㄜ，______ㄊㄚ ㄔˊ ㄉㄠˋ ˙ㄌㄜ 。

A. ㄧㄣ ㄨㄟˋ，ㄙㄨㄛˇ ㄧˇ
B. ㄅㄨˊ ㄉㄢˋ，ㄦˊ ㄑㄧㄝˇ
C. ㄓˇ ㄧㄡˇ，ㄐㄧㄡˋ
D. ㄓˇ ㄧㄠˋ，ㄘㄞˊ

Question 42

弟弟______有时间，______去玩电子游戏。

A. 只有，才
B. 只要，就
C. 无论，都
D. 不论，都

弟弟______有時間，______去玩電子遊戲。

A. 只有，才
B. 只要，就
C. 無論，都
D. 不論，都

Dìdi______ yǒu shí jiān，______ qù wán diàn zǐ yóu xì。

A. zhī yǒu，cái
B. zhī yào，jiù
C. wú lùn，dōu
D. bù lùn，dōu

ㄉㄧˋ ㄉㄧˋ ______ㄧㄡˇ ㄕˊ ㄐㄧㄢ，______ㄑㄩˋ ㄨㄢˊ ㄉㄧㄢˋ ㄗˇ ㄧㄡˊ ㄒㄧˋ。

A. ㄓˇ ㄧㄡˇ，ㄘㄞˊ
B. ㄓˇ ㄧㄠˋ，ㄐㄧㄡˋ
C. ㄨˊ ㄌㄨㄣˋ，ㄉㄡ
D. ㄅㄨˋ ㄌㄨㄣˋ，ㄉㄡ

Question 43

暑假我没有______打算，不知道应该做什么。

A. 什么
B. 怎么
C. 那么
D. 这么

暑假我沒有______打算，不知道應該做什麼。

A. 什麼
B. 怎麼
C. 那麼
D. 這麼

Shǔ jiǎ wǒ méi yǒu______ dǎ suàn，bù zhī dào yīng gāi zuò shén mo。

A. shén mo
B. zěn mo
C. nà mo
D. zhè mo

ㄕㄨˇ ㄐㄧㄚˇ ㄨㄛˇ ㄇㄟˊ ㄧㄡˇ ______ㄉㄚˇ ㄙㄨㄢˋ，ㄅㄨˊ ㄓ ㄉㄠˋ ㄧㄥ ㄍㄞ ㄗㄨㄛˋ ㄕㄜˊ ㄧㄠ 。

A. ㄕㄜˊ ㄧㄠ
B. ㄗㄣˇ ㄧㄠ
C. ㄋㄚˇ ㄧㄠ
D. ㄓㄜˋ ㄧㄠ

Question 44

我昨天______从加州回来。

A. 刚才
B. 刚
C. 就
D. 都

我昨天______從加州回來。

A. 剛才
B. 剛
C. 就
D. 都

Wǒ zuó tiān______ cóng jiā zhōu huí lái。

A. gāng cái
B. gāng
C. jiù
D. dōu

ㄨㄛˇ ㄗㄨㄛˊ ㄊㄧㄢ ______ㄘㄨㄥˊ ㄐㄧㄚ ㄓㄡ ㄏㄨㄟˊ ㄌㄞˊ 。

A. ㄍㄤ ㄘㄞˊ
B. ㄍㄤ
C. ㄐㄧㄡˋ
D. ㄉㄡ

Question 45

王云云的红毛衣_______漂亮。

A. 真
B. 太
C. 可
D. 能

王雲雲的紅毛衣_______漂亮。

A. 真
B. 太
C. 可
D. 能

Wáng yún yún de hóng máo yī_______ piāo liàng。

A. zhēn
B. tài
C. kě
D. néng

ㄨㄤˊ ㄩㄣˊ ㄩㄣˊ ˙ㄉㄜ ㄏㄨㄥˊ ㄇㄠˊ ㄧ _______ㄆㄧㄠ ㄌㄧㄤˋ 。

A. ㄓㄣ
B. ㄊㄞˋ
C. ㄎㄜˇ
D. ㄋㄥˊ

Question 46

他这个人聪明_______了。

A. 极
B. 可
C. 好
D. 太

他這個人聰明_______了。

A. 極
B. 可
C. 好
D. 太

Tā zhè gè rén cōng míng_______ le。

A. jí
B. kě
C. hǎo
D. tài

ㄊㄚ ㄓㄜˋ ˙ㄍㄜ ㄖㄣˊ ㄘㄨㄥ ㄇㄧㄥˊ _______˙ㄌㄜ 。

A. ㄐㄧˊ
B. ㄎㄜˇ
C. ㄏㄠˇ
D. ㄊㄞˋ

Question 47

去小明家要 继续_______前走。

A. 左
B. 右
C. 相
D. 朝

去小明家要 繼續_______前走。

A. 左
B. 右
C. 相
D. 朝

Qù xiǎo míng jiā yào jì xù_______ qián zǒu。

A. zuǒ
B. yòu
C. xiāng
D. cháo

ㄑㄩˋ ㄒㄧㄠˇ ㄇㄧㄥˊ ㄐㄧㄚ ㄧㄠˋ ㄐㄧˋ ㄒㄩˋ _______ㄑㄧㄢˊ ㄗㄡˇ 。

A. ㄗㄨㄛˇ
B. ㄧㄡˋ
C. ㄒㄧㄤ
D. ㄓㄠ

Question 48

我哥哥的女朋友会_______钢琴。

A. 弹
B. 吹
C. 玩
D. 拉

我哥哥的女朋友會_______鋼琴。

A. 彈
B. 吹
C. 玩
D. 拉

Wǒ gēge de nǚ péng yǒu huì_______ gāng qín。

A. tán
B. chuī
C. wán
D. lā

ㄨㄛˇ ㄍㄜ ㄍㄜ ˙ㄉㄜ ㄋㄩˇ ㄆㄥˊ ㄧㄡˇ ㄏㄨㄟˋ _______ ㄍㄤ ㄑㄧㄣˊ 。

A. ㄉㄢˋ
B. ㄔㄨㄟ
C. ㄨㄢˊ
D. ㄌㄚ

Question 49

妈妈不在家，我和姐姐_______饭做好了。

A. 被
B. 有
C. 把
D. 就

媽媽不在家，我和姐姐_______飯做好了。

A. 被
B. 有
C. 把
D. 就

Māma bù zài jiā，wǒ hé jiějie_______ fàn zuò hǎo le。

A. bèi
B. yǒu
C. bǎ
D. jiù

ㄇㄚ ㄇㄚ ㄅㄨˋ ㄗㄞˋ ㄐㄧㄚ ，ㄨㄛˇ ㄏㄜˊ ㄐㄧㄝˇ ㄐㄧㄝˇ _______ ㄈㄢˋ ㄗㄨㄛˋ ㄏㄠˇ ˙ㄌㄜ 。

A. ㄅㄟˋ
B. ㄧㄡˇ
C. ㄅㄚˇ
D. ㄐㄧㄡˋ

Question 50

我觉得动物里面蛇是最令人_______的了。

A. 可怕
B. 害怕
C. 恐怕
D. 那怕

我覺得動物裏面蛇是最令人_______的了。

A. 可怕
B. 害怕
C. 恐怕
D. 那怕

Wǒ jué de dòng wù lǐ miàn shé shì zuì lìng rén_______ de le。

A. kě pà
B. hài pà
C. kǒng pà
D. nà pà

ㄨㄛˇ ㄐㄩㄝˊ ㄉㄜˊ ㄉㄨㄥˋ ㄨˋ ㄌㄧˇ ㄇㄧㄢˋ ㄕㄜˊ ㄕˋ ㄗㄨㄟˋ ㄌㄧㄥˋ ㄖㄣˊ _______ ˙ㄉㄜ ˙ㄌㄜ 。

A. ㄎㄜˇ ㄆㄚˋ
B. ㄏㄞˋ ㄆㄚˋ
C. ㄎㄨㄥˇ ㄆㄚˋ
D. ㄋㄚˇ ㄆㄚˋ

Question 51

那个公园真不错，我昨天_______去了一次。

A. 有
B. 又
C. 再
D. 在

那個公園真不錯，我昨天_______去了一次。

A. 有
B. 又
C. 再
D. 在

Nà gè gōng yuán zhēn bú cuò，wǒ zuó tiān_______ qù le yī cì。

A. yǒu
B. yòu
C. zài
D. zài

ㄋㄚˋ ˙ㄍㄜ ㄍㄨㄥ ㄩㄢˊ ㄓㄣ ㄅㄨˊ ㄘㄨㄛˋ，ㄨㄛˇ ㄗㄨㄛˊ ㄊㄧㄢ _______ ㄑㄩˋ ˙ㄌㄜ ㄧ ㄘˋ。

A. ㄧㄡˇ
B. ㄧㄡˋ
C. ㄗㄞˋ
D. ㄗㄞˋ

Question 52

这种绿茶很好喝，要不要_______？

A. 听一听
B. 看一看
C. 尝一尝
D. 吃一吃

這种綠茶很好喝，要不要_______？

A. 聽一聽
B. 看一看
C. 嚐一嚐
D. 吃一吃

Zhè zhòng lǜ chá hěn hǎo hē，yào bú yào_______？

A. tīng yī tīng
B. kàn yī kàn
C. cháng yī cháng
D. chī yī chī

ㄓㄜˋ ㄔㄨㄥˊ ㄌㄩˋ ㄔㄚˊ ㄏㄣˇ ㄏㄠˇ ㄏㄜ，ㄧㄠˋ ㄅㄨˊ ㄧㄠˋ _______？

A. ㄊㄧㄥ ㄧ ㄊㄧㄥ
B. ㄎㄢˋ ㄧ ㄎㄢˋ
C. ㄔㄤˊ ㄧ ㄔㄤˊ
D. ㄔ ㄧ ㄔ

Question 53

老师讲了半天，他一点儿也没听_______。

A. 知道
B. 了解
C. 认识
D. 明白

老師講了半天，他一點兒也沒聽_______。

A. 知道
B. 了解
C. 認識
D. 明白

Lǎo shī jiǎng le bàn tiān，tā yī diǎnr yě méi tīng_______。

A. zhī dào
B. liǎo jiě
C. rèn shí
D. míng bái

ㄌㄠˇ ㄕ ㄐㄧㄤˇ ˙ㄌㄜ ㄅㄢˋ ㄊㄧㄢ，ㄊㄚ ㄧ ㄉㄧㄢˇ ㄖㄣˊ ㄧㄝˇ ㄇㄟˊ ㄊㄧㄥ _______。

A. ㄓ ㄉㄠˋ
B. ˙ㄌㄜ ㄐㄧㄝˇ
C. ㄖㄣˋ ㄕˋ
D. ㄇㄧㄥˊ ㄅㄞˊ

Question 54

他_______去旧金山了，下个周才能回来。

A. 已经
B. 曾经
C. 经常
D. 未曾

他_______去舊金山了，下個周才能回來。

A. 已經
B. 曾經
C. 經常
D. 未曾

Tā_______ qù jiù jīn shān le，xià gè zhōu cái néng huí lái。

A. yǐ jīng
B. céng jīng
C. jīng cháng
D. wèi céng

ㄊㄚ _______ ㄑㄩˋ ㄐㄧㄡˋ ㄐㄧㄣ ㄕㄢ ˙ㄌㄜ，ㄒㄧㄚˋ ˙ㄍㄜ ㄓㄡ ㄘㄞˊ ㄋㄥˊ ㄏㄨㄟˊ ㄌㄞˊ。

A. ㄧˇ ㄐㄧㄥ
B. ㄗㄥ ㄐㄧㄥ
C. ㄐㄧㄥ ㄔㄤˊ
D. ㄨㄟˋ ㄗㄥ

Question 55

我昨天去图书馆借了_______本物理书。

A. 二
B. 两
C. 些
D. 个

我昨天去圖書館借了_______本物理書。

A. 二
B. 兩
C. 些
D. 個

Wǒ zuó tiān qù tú shū guǎn jiè le_______ běn wù lǐ shū。

A. èr
B. liǎng
C. xiē
D. gè

ㄨㄛˇ ㄗㄨㄛˊ ㄊㄧㄢ ㄑㄩˋ ㄊㄨˊ ㄕㄨ ㄍㄨㄢˇ ㄐㄧㄝˋ ˙ㄌㄜ _______ ㄅㄣˇ ㄨˋ ㄌㄧˇ ㄕㄨ。

A. ㄦˋ
B. ㄌㄧㄤˇ
C. ㄒㄧㄝ
D. ˙ㄍㄜ

SAT II Chinese Simulated Test Three

Section III: Reading Comprehension

Directions: Read the following selections carefully. Answer the questions corresponding to each selection by selecting one of the four choices. Bubble in the best answer on the answer sheet. Each selection is presented in both traditional and simplified Chinese; you may use either to answer the questions.

林儿:

冰箱里有刚刚买回来的寿司，你可以当点心吃。吃完后，赶紧做作业，然后练钢琴。我五点半下班，五点三刻送你去活动中心参加学校的篮球训练。

妈妈

林兒：

冰箱裏有剛剛買回來的壽司，你可以當點心吃。吃完後，趕緊做作業，然後練鋼琴。我五點半下班，五點三刻送你去活動中心參加學校的籃球訓練。

媽媽

Question 56 What can Liner eat for snack?

A. Sushi
B. Chow mein
C. Dumplings
D. Rice cakes

Question 57 When is Mom going to drop Liner off?

A. 5:30
B. 5:45
C. 5:00
D. 5:15

Question 58 Where is basketball practice taking place?

A. School
B. Coach's house
C. Fitness center
D. Park

前方修路，请绕行

前方修路，請繞行

Question 59 Who is this sign directed toward?

A. Passengers
B. Drivers
C. Police
D. Customers

机动车专行道

機動車專行道

Question 60 Who is this sign directed toward?

A. Passengers
B. Drivers
C. Police
D. Customers

国美银行
星期一至星期五
上午八点至晚上五点
星期六星期天
上午十点至下午三点

國美銀行
星期一至星期五
上午八點至晚上五點
星期六星期天
上午十點至下午三點

Question 61 Where would you encounter this sign?

A. Police station
B. Bank
C. U.S. Embassy
D. Department store

Question 62 What time does it close on Saturday?

A. 3:00 pm
B. 10:00 pm
C. 8:00 pm
D. 5:00 pm

春节特价
男士女士冬装一律八折
童装五折

春節特價
男士女士冬裝一律八折
童裝五折

Question 63 Around what time would you see this sign?

A. Chinese New Year
B. New Year
C. Christmas
D. Moon Festival

Question 64 According to the sign, what happens during this time?

A. Free shipping
B. Big sale
C. Free gift with purchase
D. Free samples

Question 65 If you wanted to buy a men's suit that is $300 at full price, how much would you pay at this time?

A. $300
B. $240
C. $60
D. $150

小心滑倒	小心滑倒

Question 66 According to the above sign, this road is:

A. Bumpy
B. Steep
C. Narrow
D. Slippery

请在此排队付款	請在此排隊付款

Question 67 What does this sign mean?

A. Pickup here
B. Pay here
C. Order here
D. Exit only

西南航空公司将在暑假期间每周二周五增加从旧金山至北京的航班，周一周三增加从洛杉矶至上海的航班。	西南航空公司將在暑假期間每周二周五增加從舊金山至北京的航班，周一周三增加從洛杉磯至上海的航班。

Question 68 What airline company posted this?

A. Southwest Airlines
B. Northwest Airlines
C. Northeast Airlines
D. Southeast Airlines

Question 69 Which additional route was added for Wednesday?

A. From San Francisco to Beijing
B. From Los Angeles to Shanghai
C. From Beijing to San Francisco
D. From Shanghai to Los Angeles

寻求合租
女性，无宠物，不抽烟，爱清洁。月租**$350**，包水电。意者请电 **415-727-7788**。

尋求合租
女性，無寵物，不抽煙，愛清潔。月租**$350**，包水電。意者請電**415-727-7788**。

Question 70 What is being rented?
A. Office
B. Room
C. Stadium
D. Car

Question 71 Which requirements are not included in the description?
A. Female
B. No pets
C. No smoking
D. No drinking

废物回收，保护环境

廢物回收，保護環境

Question 72 Where would you encounter this sign?
A. Recycling station
B. Gas station
C. Forest
D. Fitting room

易燃易爆危险品

易燃易爆危險品

Question 73 What item could have this label?
A. Firecrackers
B. Fruit
C. Furniture
D. Bookshelf

《这就是生活》
作者：李小明
出版社：中正出版公司
原价$ 29.99 优惠价$ 14.99

《這就是生活》
作者：李小明
出版社：中正出版公司
原價$ 29.99 優惠價$ 14.99

Question 74 What is being advertised?
A. Car insurance
B. Book
C. Radio show

D. Television show

Question 75 What is the discounted price?

A. $29.99
B. $14.99
C. $44.98
D. $15.00

靓房出售
四房三浴，两千英尺，好学区，近高速，购物方便，有意者请电邮至 45678@gmail.com

靚房出售
四房三浴，兩千英尺，好學區，近高速，購物方便，有意者請電郵至45678@gmail.com

Question 76 What is this advertisement for?

A. Selling a house
B. Renting an office space
C. Renting a house
D. Renting a restaurant

Question 77 According to this advertisement, which piece of information is incorrect?

A. Four bathrooms, three bedrooms
B. 2,000 square feet
C. Located in a good school district
D. Easy commute

版权所有，翻版必究

版權所有，翻版必究

Question 78 What does this sign indicate?

A. Copyright
B. Sponsorship
C. No touching
D. No solicitation

新中华半月刊

新中華半月刊

Question 79 How often do issues come out?

A. Twice a month
B. Once a month
C. Once a week
D. Twice a week

乘游轮，吃美食，看美景，
享受美好生活
中大旅行公司提供 7 天 9 天 11 天三条绝佳航线

乘游輪，吃美食，看美景，
享受美好生活
中大旅行公司提供7天9天11天三條絕佳航線

<u>Question 80</u> What is this posting advertising?

A. Cruise
B. Mountain biking
C. Hiking
D. Rock climbing

<u>Question 81</u> How many routes are advertised?

A. Seven
B. Nine
C. Eleven
D. Three

去年春节，我带着妻子儿女一家五口，专程从旧金山回中国北方老家大连过年。虽然离开家乡已经有二十年了，但是我发现家乡的山仍然很美，家乡的水仍然很甜，家乡的人仍然很亲。

去年春節，我帶着妻子兒女一家五口，專程從舊金山回中國北方老家大連過年。雖然離開家鄉已經有二十年了，但是我發現家鄉的山仍然很美，家鄉的水仍然很甜，家鄉的人仍然很親。

<u>Question 82</u> When did the writer take his family to China?

A. Earlier this year
B. Last year
C. Two years ago
D. Five years ago

<u>Question 83</u> Where in China is the writer's hometown?

A. South
B. North
C. East
D. West

北京公交汽车公司一月宣布，为方便老年人出行，从明年六月十五日起，凡六十五岁以上的老年人，凭老人证可在上午 9 点至 11 点及下午 2 点至 4 点期间，免费搭乘市内公交车。

北京公交汽車公司一月宣布，為方便老年人出行，從明年六月十五日起，凡六十五歲以上的老年人，憑老人證可在上午 9 點至 11 點及下午 2 點至 4 點期間，免費搭乘市內公交車。

Question 84 When are the discounts effective?

A. January 15th, this year
B. June 15th, this year
C. January 15th, next year
D. June 15th, next year

Question 85 When is a senior ticket not free?

A. 9-10 am
B. 10-11 am
C. 11 am-2 pm
D. 2-4 pm

SAT II Chinese Simulated Test Four
Section I: Listening Comprehension

PART A

Directions: In this section you will hear short questions, statements or exchanges in Mandarin Chinese followed by three responses designated (A), (B), and (C). You will hear both the selections and responses only once and they are not printed in your test booklet. Therefore, you must listen very carefully. Choose the best response to the selection given and fill in the corresponding oval on your answer sheet.

Question 1	(A)	(B)	(C)
Question 2	(A)	(B)	(C)
Question 3	(A)	(B)	(C)
Question 4	(A)	(B)	(C)
Question 5	(A)	(B)	(C)
Question 6	(A)	(B)	(C)
Question 7	(A)	(B)	(C)
Question 8	(A)	(B)	(C)
Question 9	(A)	(B)	(C)
Question 10	(A)	(B)	(C)
Question 11	(A)	(B)	(C)
Question 12	(A)	(B)	(C)
Question 13	(A)	(B)	(C)
Question 14	(A)	(B)	(C)
Question 15	(A)	(B)	(C)

PART B

Directions: In this section you will hear a series of short selections. You will hear them only once and they are not printed in your test booklet. After each selection, you will be asked one or more questions on what you have just heard. These questions are printed in your test booklet and have four possible answer choices. Choose the best response to the selection given and fill in the corresponding oval on your answer sheet. You have 15 seconds to answer each question.

#16-17

Question 16 Where was this call made from?

A. Bookstore
B. School
C. Supermarket
D. Library

Question 17 Who ordered the books?

A. Mr. Li
B. Ms. Li
C. Mr. Wang
D. Ms. Wang

#18-19

Question 18 Who posted this advertisement?

A. Store
B. School
C. Library
D. City Hall

Question 19 When does the even start?

A. Today
B. Tomorrow
C. Next week
D. Next month

#20-22

Question 20 Who is this conversation between?

A. Representative and customer
B. Teacher and student
C. Colleagues
D. Husband and wife

Question 21 According to this conversation, which flavor tastes better?

A. Chocolate
B. Strawberry
C. Peach
D. Lemon

Question 22 What product is being sampled?

A. Hand lotion
B. Perfume
C. Drink
D. Fruit

#23-24

Question 23 What is the event being planned?

A. Celebrating school's 50th anniversary
B. Selling T-shirts
C. Repairing the basketball court
D. Selling yearbooks

Question 24 When does this event start?
A. Today
B. Tomorrow
C. Next week
D. As soon as possible

#25-26

Question 25 Who is this message for?
A. Ms. Wei
B. Mr. Wei
C. Mr. Wang
D. Ms. Xue

Question 26 What has arrived?
A. Boots
B. Clothing
C. Books
D. Computer

#27-28

Question 27 Who is this conversation between?
A. Xiaoming and Xiaofang
B. Xiaoming and Lili
C. Xiaofang and Lili
D. Grandparents

Question 28 Who can't go hiking?
A. Xiaoming
B. Xiaofang
C. Lili
D. Both Lili and Xiaofang

#29-30

Question 29 Where is this recording from?
A. Cultural Center
B. Library
C. Testing Center
D. Animal Control Center

Question 30 Which number is not in service after February 1st?
A. 415-7899876
B. 415-7899000
C. 415-7899076
D. 415-7899800

SAT II Chinese Simulated Test Four
Section I: Listening Comprehension

PART A

Directions: In this section you will hear short questions, statements or exchanges in Mandarin Chinese followed by three responses designated (A), (B), and (C). You will hear both the selections and responses only once and they are not printed in your test booklet. Therefore, you must listen very carefully. Choose the best response to the selection given and fill in the corresponding oval on your answer sheet.

Question 1
你昨天表演的中国舞好看极了！
A，哪里，过奖了。
B，我会跳芭蕾。
C，你也会跳中国舞呀。

Question 2
你喜欢看什么体育比赛？
A，我都喜欢看，特别是网球比赛。
B，演讲比赛。
C，新闻报道。

Question 3
电影票多少钱一张？
A，这个电影好看极了。
B，十元一张。
C，电影八点开始。

Question 4
听说化学课的老师很不错，我下学期想修他的课。你呢？
A，化学老师很喜欢考试。
B，我对化学不感兴趣，我想修物理课。
C，化学老师布置的作业太多。

Question 5
你知道王老师新家的地址吗？
A，建国门大街 7 号楼三单元 102 房间。
B，102 房间三单元 7 号楼建国门大街。
C，102 房间三单元建国门大街 7 号楼。

Question 6
你认识新来的王老师吗？
A，王老师今天没来。
B，王老师是新来的吗？
C，我不认识他。

Question 7
你是跟妈妈逛街？还是跟爸爸看电影？
A，上个周末没看电影。
B，我想回家睡觉。
C，这样不可以。

Question 8
中秋节是中国的传统节日，你知道中国人怎么过吗？
A，扫墓，祭拜祖先。
B，赏月，吃月饼。
C，吃元宵，看花灯。

Question 9
你哪儿不舒服？
A，我头疼咳嗽。
B，我去医院检查了。
C，我没去看医生。

Question 10
小张，你的朋友大卫刚刚打电话找你。
A，知道了，谢谢。
B，我没打电话。
C，不客气。

Question 11

小张，你要搬家了吗？

A，搬家不很麻烦。

B，是啊，我爸爸换工作了。

C，小张不搬家。

Question 12

请问，校长办公室在哪？

A，校长今天开会去了。

B，办公室不在那儿。

C，楼上右边第二个房间。

Question 13

爸爸，我忘记带电脑了，您可以送过来吗？我在图书馆门口等您。

A，他让爸爸去图书馆等他。

B，他让爸爸把电脑送给图书馆。

C，他让爸爸把电脑送到图书馆门口。

Question 14

请问，附近的图书馆在哪里，怎么走？

A，去图书馆不要这么走。

B，这附近没有图书馆。

C，附近的图书馆不在那里。

Question 15

劳驾，去东大超市怎么走？

A，前边红绿灯右拐。

B，超市九点开门儿。

C，东大超市不在那里。

PART B

Directions: In this section you will hear a series of short selections. You will hear them only once and they are not printed in your test booklet. After each selection, you will be asked one or more questions on what you have just heard. These questions are printed in your test booklet and have four possible answer choices. Choose the best response to the selection given and fill in the corresponding oval on your answer sheet. You have 15 seconds to answer each question.

#16-17

李小姐，您好！我是文化书店的销售助理王大强。上周三，您在文化书店预订了三本书，今天下午全部都到货了。您可以随时来取。有任何问题，请拨打我们的电话 415-9876456。谢谢！

#18-19

好消息！本店为回馈广大顾客的厚爱，即日起实行大酬宾活动，凡购物满一百元的顾客，可获赠品一个，数量有限，先到先得。

#20-22

欢迎光临，这是我们公司的新产品，请品尝。
这个草莓味儿的不错，巧克力味儿的不怎么样。
这儿还有一款，您也尝尝？
嗯，这个还不错，喝起来很爽口。

#23-24

为庆祝学校的五十年校庆，校办公室即日起出售限量版纪念体恤衫，所得款项将用于修理学校的室外篮球场，请大家尽快购买！

#25-26

魏小姐，您好！我是大华鞋店的销售助理王大中。您在我们鞋店预订的靴子，今天下午到了。您可以随时来取。明天我休假，您可以拨打我们的电话 510-3128576 找小李。谢谢！

#27-28

小明，明天我和丽丽去爬山，你去吗？
好啊，小芳。几点去？
早上 10 半，你到我们家，我们一起去。
哎呀，早上我不行。我得送爷爷奶奶去机场。

#29-30

你好，这里是美华文化中心，我们的电话将于二月一日起改为 415-7899876。旧的电话号码 415-7899000 将于二月一日起作废。

SAT II Chinese Simulated Test Four
Section II: Grammar

Directions: Complete the sentences by choosing one of the four choices. Each question is presented in four different ways: simplified characters, traditional characters, pinyin, and Chinese phonetic alphabet (bo po mo fo). Choose the writing form with which you are most familiar and read only from that column as you work through this section of the test.Bubble in the choice that best completes the sentence.

Question 31

长江里_______许多印度尼西亚制造的轮船。

A. 停在
B. 停着
C. 停止
D. 停下

長江裡_______許多印度尼西亞製造的輪船。

A. 停在
B. 停著
C. 停止
D. 停下

Cháng jiāng lǐ_______ xǔ duō yìn dù ní xī yà zhì zào de lún chuán。

A. tíng zài
B. tíng zhe
C. tíng zhǐ
D. tíng xià

ㄔㄤˊ ㄐㄧㄤ ㄌㄧˇ _______ㄒㄩˇ ㄉㄨㄛ ㄧㄣˋ ㄉㄨˋ ㄋㄧˊ ㄒㄧ ㄧㄚˇ ㄓˋ ㄗㄠˋ ˙ㄉㄜ ㄌㄨㄣˊ ㄔㄨㄢˊ 。

A. ㄊㄧㄥˊ ㄗㄞˋ
B. ㄊㄧㄥˊ ˙ㄓㄜ
C. ㄊㄧㄥˊ ㄓˇ
D. ㄊㄧㄥˊ ㄒㄧㄚˋ

Question 32

看完电影，我和哥哥高高兴兴_______回家了。

A. 的
B. 地
C. 得
D. 车

看完電影，我和哥哥高高興興_______回家了。

A. 的
B. 地
C. 得
D. 車

Kàn wán diàn yǐng，wǒ hé gē gē gāo gāo xìng xìng_______ huí jiā le。

A. de
B. de
C. de
D. chē

ㄎㄢˋ ㄨㄢˊ ㄉㄧㄢˋ ㄧㄥˇ ，ㄨㄛˇ ㄏㄜˊ ㄍㄜ ㄍㄜ ㄍㄠ ㄍㄠ ㄒㄧㄥ ㄒㄧㄥ _______ㄏㄨㄟˊ ㄐㄧㄚ ˙ㄌㄜ 。

A. ˙ㄉㄜ
B. ㄉㄧˋ
C. ㄉㄜˊ
D. ㄔㄜ

Question 33

爸爸今天下午____在后院割草。

A. 一会儿
B. 一直
C. 一样
D. 一并

爸爸今天下午____在后院割草。

A. 一會兒
B. 一直
C. 一樣
D. 一併

Bà ba jīn tiān xià wǔ____ zài hòu yuàn gē cǎo。

A. yī huìr
B. yī zhí
C. yī yàng
D. yī bìng

ㄅㄚˋ ㄅㄚˋ ㄐㄧㄣ ㄊㄧㄢ ㄒㄧㄚˋ ㄨˇ ____ ㄗㄞˋ ㄏㄡˋ ㄩㄢˋ ㄍㄜ ㄘㄠˇ。

A. ㄧ ㄏㄨㄟˋ ㄖㄣˊ
B. ㄧ ㄓˊ
C. ㄧ ㄧㄤˋ
D. ㄧ ㄅㄧㄥˋ

Question 34

哥哥：“昨天下午我们去看电影_______。”
弟弟：“好看吗？我也想去看。”

A. 吧
B. 吗
C. 么
D. 了

哥哥：“昨天下午我們去看電影_______。”
弟弟：“好看嗎？我也想去看。”

A. 吧
B. 嗎
C. 麼
D. 了

Gē gē: “zuó tiān xià wǔ wǒ men qù kàn diàn yǐng_______。”
Dì dì: “hǎo kàn ma？ wǒ yě xiǎng qù kàn。”

A. ba
B. ma
C. mo
D. le

ㄍㄜ ㄍㄜ：“ㄗㄨㄛˊ ㄊㄧㄢ ㄒㄧㄚˋ ㄨˇ ㄨㄛˇ ˙ㄇㄣ ㄑㄩˋ ㄎㄢˋ ㄉㄧㄢˋ ㄧㄥˇ _______。”
ㄉㄧˋ ㄉㄧˋ：“ㄏㄠˇ ㄎㄢˋ ˙ㄇㄚ ？ㄨㄛˇ ㄧㄝˇ ㄒㄧㄤˇ ㄑㄩˋ ㄎㄢˋ 。”

A. ˙ㄅㄚ
B. ˙ㄇㄚ
C. ㄧㄠ
D. ˙ㄌㄜ

Question 35

这本书太厚了，我今天_______。

A. 看不完
B. 不看完
C. 看完不
D. 看看完

這本書太厚了，我今天_______。

A. 看不完
B. 不看完
C. 看完不
D. 看看完

Zhè běn shū tài hòu le，wǒ jīn tiān_______。

A. kàn bù wán
B. bù kàn wán
C. kàn wán bù
D. kàn kàn wán

ㄓㄜˋ ㄅㄣˇ ㄕㄨ ㄊㄞˋ ㄏㄡˋ ˙ㄌㄜ ，ㄨㄛˇ ㄐㄧㄣ ㄊㄧㄢ _______。

A. ㄎㄢˋ ㄅㄨˊ ㄨㄢˊ
B. ㄅㄨˊ ㄎㄢˋ ㄨㄢˊ
C. ㄎㄢˋ ㄨㄢˊ ㄅㄨˊ
D. ㄎㄢˋ ㄎㄢˋ ㄨㄢˊ

Question 36

那_______鞋带的颜色太亮了，配这双鞋不合适。

A. 张
B. 两
C. 件
D. 副

那_______鞋帶的顏色太亮了，配這雙鞋不合適。

A. 張
B. 兩
C. 件
D. 副

Nà_______ xié dài de yán sè tài liàng le，pèi zhè shuāng xié bù hé shì。

A. zhāng
B. liǎng
C. jiàn
D. fù

ㄋㄚˇ _______ㄒㄧㄝˊ ㄉㄞˋ ˙ㄉㄜ ㄧㄢˊ ㄙㄜˋ ㄊㄞˋ ㄌㄧㄤˋ ˙ㄌㄜ，ㄆㄟˋ ㄓㄜˋ ㄕㄨㄤ ㄒㄧㄝˊ ㄅㄨˊ ㄏㄜˊ ㄍㄨㄚ 。

A. ㄓㄤ
B. ㄌㄧㄤˇ
C. ㄐㄧㄢˋ
D. ㄈㄨˋ

Question 37

这_______书是我从那家旧书店买的。

A. 把
B. 篇
C. 些
D. 份

這_______書是我從那家舊書店買的。

A. 把
B. 篇
C. 些
D. 份

Zhè_______ shū shì wǒ cóng nà jiā jiù shū diàn mǎi de。

A. bǎ
B. piān
C. xiē
D. fèn

ㄓㄜˋ _______ㄕㄨ ㄕˋ ㄨㄛˇ ㄘㄨㄥˊ ㄋㄚˇ ㄐㄧㄚ ㄐㄧㄡˋ ㄕㄨ ㄉㄧㄢˋ ㄇㄞˇ ˙ㄉㄜ 。

A. ㄅㄚˇ
B. ㄆㄧㄢ
C. ㄒㄧㄝ
D. ㄈㄣˋ

Question 38

这_______兰颜色的脚踏车是我弟弟的。

A. 辆
B. 回
C. 列
D. 座

這_______藍顏色的腳踏車是我弟弟的。

A. 輛
B. 回
C. 列
D. 座

Zhè_______ lán yán sè de jiǎo tà chē shì wǒ dì di de。

A. liàng
B. huí
C. liè
D. zuò

ㄓㄜˋ _______ㄌㄢˊ ㄧㄢˊ ㄙㄜˋ ˙ㄉㄜ ㄐㄧㄠˇ ㄊㄚˋ ㄔㄜ ㄕˋ ㄨㄛˇ ㄉㄧˋ ㄉㄧˋ ˙ㄉㄜ 。

A. ㄌㄧㄤˋ
B. ㄏㄨㄟˊ
C. ㄌㄧㄝˋ
D. ㄗㄨㄛˋ

Question 39

这_______大树在蓝天和绿草的衬映下，格外壮观。

A. 颗
B. 棵
C. 片
D. 朵

這_______大樹在藍天和綠草的襯映下，格外壯觀。

A. 顆
B. 棵
C. 片
D. 朵

Zhè_______ dà shù zài lán tiān hé lǜ cǎo de chèn yìng xià，gé wài zhuàng guān。

A. kē
B. kē
C. piàn
D. duǒ

ㄓㄜˋ _______ㄉㄚˋ ㄕㄨˋ ㄗㄞˋ ㄌㄢˊ ㄊㄧㄢ ㄏㄜˊ ㄌㄩˋ ㄘㄠˇ ˙ㄉㄜ ㄔㄣˋ ㄧㄥˋ ㄒㄧㄚˋ，ㄍㄜˊ ㄨㄞˋ ㄓㄨㄤˋ ㄍㄨㄢ 。

A. ㄎㄜ
B. ㄎㄜ
C. ㄆㄧㄢˋ
D. ㄉㄨㄛˇ

Question 40

_______多练习，_______能学好中文。

A. 因为，所以
B. 不但，而且
C. 只有，才
D. 只要，才

_______多練習，_______能學好中文。

A. 因為，所以
B. 不但，而且
C. 只有，才
D. 只要，才

_______ duō liàn xí，_______ néng xué hǎo zhōng wén。

A. Yīn wéi，suǒ yǐ
B. Bú dàn，ér qiě
C. Zhī yǒu，cái
D. Zhī yào，cái

_______ㄉㄨㄛ ㄌㄧㄢˋ ㄒㄧˊ ，_______ㄋㄥˊ ㄒㄩㄝˊ ㄏㄠˇ ㄓㄨㄥ ㄨㄣˊ 。

A. ㄧㄣ ㄨㄟˋ ，ㄙㄨㄛˇ ㄧˇ
B. ㄅㄨˊ ㄉㄢˋ ，ㄦˊ ㄑㄧㄝˇ
C. ㄓˇ ㄧㄡˇ ，ㄘㄞˊ
D. ㄓˇ ㄧㄠˋ ，ㄘㄞˊ

Question 41

他_______花了很多时间，_______也没把这事儿做好。

A. 因为，所以
B. 不但，而且
C. 虽然，但是
D. 只要，就

他_______花了很多時間，_______也沒把這事兒做好。

A. 因為，所以
B. 不但，而且
C. 雖然，但是
D. 只要，就

Tā_______ huā le hěn duō shí jiān，_______ yě méi bǎ zhè shìr zuò hǎo。

A. yīn wéi，suǒ yǐ
B. bú dàn，ér qiě
C. suī rán，dàn shì
D. zhī yào，jiù

ㄊㄚ _______ㄏㄨㄚ ˙ㄌㄜ ㄏㄣˇ ㄉㄨㄛ ㄕˊ ㄐㄧㄢ ，_______ㄧㄝˇ ㄇㄟˊ ㄅㄚˇ ㄓㄜˋ ㄕˋ ㄖㄢˊ ㄗㄨㄛˋ ㄏㄠˇ 。

A. ㄧㄣ ㄨㄟˋ ，ㄙㄨㄛˇ ㄧˇ
B. ㄅㄨˊ ㄉㄢˋ ，ㄦˊ ㄑㄧㄝˇ
C. ㄙㄨㄟ ㄖㄢˊ ，ㄉㄢˋ ㄕˋ
D. ㄓˇ ㄧㄠˋ ，ㄐㄧㄡˋ

Question 42

这件事情，_______你不可。

A. 非
B. 都
C. 才
D. 也

這件事情，_______你不可。

A. 非
B. 都
C. 才
D. 也

Zhè jiàn shì qíng，_______ nǐ bù kě。

A. fēi
B. dōu
C. cái
D. yě

ㄓㄜˋ ㄐㄧㄢˋ ㄕˋ ㄑㄧㄥˊ，_______ㄋㄧˇ ㄅㄨˋ ㄎㄜˇ。

A. ㄈㄟ
B. ㄉㄡ
C. ㄘㄞˊ
D. ㄧㄝˇ

Question 43

张大江今天感冒了，说话_______气_______力的。

A. 有，无
B. 有，有
C. 无，无
D. 小，小

張大江今天感冒了，說話_______氣_______力的。

A. 有，無
B. 有，有
C. 無，無
D. 小，小

Zhāng dà jiāng jīn tiān gǎn mào le，shuō huà_______ qì_______ lì de。

A. yǒu，, wú
B. yǒu，yǒu
C. wú，wú
D. xiǎo，xiǎo

ㄓㄤ ㄉㄚˋ ㄐㄧㄤ ㄐㄧㄣ ㄊㄧㄢ ㄍㄢˇ ㄇㄠˋ ˙ㄌㄜ，ㄕㄨㄛ ㄏㄨㄚˋ _______ㄑㄧˋ _______ㄌㄧˋ ˙ㄉㄜ。

A. ㄧㄡˇ ，,ㄨˊ
B. ㄧㄡˇ ，ㄧㄡˇ
C. ㄨˊ ，ㄨˊ
D. ㄒㄧㄠˇ ，ㄒㄧㄠˇ

Question 44

他上个星期_______结婚。

A. 刚才
B. 刚
C. 就
D. 都

他上個星期_______結婚。

A. 剛才
B. 剛
C. 就
D. 都

Tā shàng gè xīng qī_______ jié hūn。

A. gāng cái
B. gāng
C. jiù
D. dōu

ㄊㄚ ㄕㄤˋ ˙ㄍㄜ ㄒㄧㄥ ㄑㄧˊ _______ㄐㄧㄝˊ ㄏㄨㄣ。

A. ㄍㄤ ㄘㄞˊ
B. ㄍㄤ
C. ㄐㄧㄡˋ
D. ㄉㄡ

Question 45

大卫的中文字写得_______漂亮。

A. 真
B. 太
C. 可
D. 能

大衛的中文字寫得_______漂亮。

A. 真
B. 太
C. 可
D. 能

Dà wèi de zhōng wén zì xiě de_______ piāo liàng。

A. zhēn
B. tài
C. kě
D. néng

ㄉㄚˋ ㄨㄟˋ ˙ㄉㄜ ㄓㄨㄥ ㄨㄣˊ ㄗˋ ㄒㄧㄝˇ ㄉㄜˊ _______ ㄆㄧㄠ ㄌㄧㄤˋ 。

A. ㄓㄣ
B. ㄊㄞˋ
C. ㄎㄜˇ
D. ㄋㄥˊ

Question 46

王小中的排球打得棒_______了。

A. 极
B. 可
C. 好
D. 太

王小中的排球打得棒_______了。

A. 極
B. 可
C. 好
D. 太

Wáng xiǎo zhōng de pái qiú dǎ de bàng_______ le。

A. jí
B. kě
C. hǎo
D. tài

ㄨㄤˊ ㄒㄧㄠˇ ㄓㄨㄥ ˙ㄉㄜ ㄆㄞˊ ㄑㄧㄡˊ ㄉㄚˇ ㄉㄜˊ ㄅㄤˋ _______ ˙ㄌㄜ 。

A. ㄐㄧˊ
B. ㄎㄜˇ
C. ㄏㄠˇ
D. ㄊㄞˋ

Question 47

我在中文课上学到了_______知识。

A. 许多
B. 多么
C. 多少
D. 多多

我在中文課上學到了_______知識。

A. 許多
B. 多麼
C. 多少
D. 多多

Wǒ zài zhōng wén kè shàng xué dào le_______ zhī shí。

A. xǔ duō
B. duō mo
C. duō shǎo
D. duō duō

ㄨㄛˇ ㄗㄞˋ ㄓㄨㄥ ㄨㄣˊ ㄎㄜˋ ㄕㄤˋ ㄒㄩㄝˊ ㄉㄠˋ ˙ㄌㄜ _______ ㄓ ㄕˋ 。

A. ㄒㄩˇ ㄉㄨㄛ
B. ㄉㄨㄛ ㄧㄠ
C. ㄉㄨㄛ ㄕㄠˇ
D. ㄉㄨㄛ ㄉㄨㄛ

Question 48

我姐姐的男朋友会_______小提琴。

A. 弹
B. 吹
C. 玩
D. 拉

我姐姐的男朋友會_______小提琴。

A. 彈
B. 吹
C. 玩
D. 拉

Wǒ jiě jie de nán péng yǒu huì_______ xiǎo tí qín。

A. tán
B. chuī
C. wán
D. lā

ㄨㄛˇ ㄐㄧㄝˇ ㄐㄧㄝˇ ˙ㄉㄜ ㄋㄢˊ ㄆㄥˊ ㄧㄡˇ ㄏㄨㄟˋ _______ㄒㄧㄠˇ ㄊㄧˊ ㄑㄧㄣˊ 。

A. ㄊㄢˊ
B. ㄔㄨㄟ
C. ㄨㄢˊ
D. ㄌㄚ

Question 49

我的电脑_______弟弟搞坏了。

A. 被
B. 有
C. 把
D. 就

我的電腦_______弟弟搞壞了。

A. 被
B. 有
C. 把
D. 就

Wǒ de diàn nǎo_______ dì di gǎo huài le。

A. bèi
B. yǒu
C. bǎ
D. jiù

ㄨㄛˇ ˙ㄉㄜ ㄉㄧㄢˋ ㄋㄠˇ _______ㄉㄧˋ ㄉㄧˋ ㄍㄠˇ ㄆㄟˊ ˙ㄌㄜ 。

A. ㄅㄟˋ
B. ㄧㄡˇ
C. ㄅㄚˇ
D. ㄐㄧㄡˋ

Question 50

这家快餐店的三明治_______不怎么样。

A. 没
B. 真
C. 那
D. 这

這家快餐店的三明治_______不怎麼樣。

A. 沒
B. 真
C. 那
D. 這

Zhè jiā kuài cān diàn de sān míng zhì_______ bù zěn mo yàng。

A. méi
B. zhēn
C. nà
D. zhè

ㄓㄜˋ ㄐㄧㄚ ㄎㄨㄞˋ ㄘㄢ ㄉㄧㄢˋ ˙ㄉㄜ ㄙㄢ ㄇㄧㄥˊ ㄓˋ _______ㄅㄨˊ ㄗㄣˇ ㄧㄠ ㄧㄤˋ 。

A. ㄇㄟˊ
B. ㄓㄣ
C. ㄋㄚˇ
D. ㄓㄜˋ

Question 51

图书馆下班了，我_______有借到那本书。

A. 不
B. 可
C. 能
D. 没

圖書館下班了，我_______有借到那本書。

A. 不
B. 可
C. 能
D. 沒

Tú shū guǎn xià bān le，wǒ_______ yǒu jiè dào nà běn shū。

A. bù
B. kě
C. néng
D. méi

ㄊㄨˊ ㄕㄨ ㄍㄨㄢˇ ㄒㄧㄚˋ ㄅㄢ ˙ㄌㄜ ，ㄨㄛˇ _______ ㄧㄡˇ ㄐㄧㄝˋ ㄉㄠˋ ㄋㄚˋ ㄅㄣˇ ㄕㄨ 。

A. ㄅㄨˋ
B. ㄎㄜˇ
C. ㄋㄥˊ
D. ㄇㄟˊ

Question 52

他是这本书的作者，您要不要_______他？

A. 听一听
B. 说一说
C. 闻一闻
D. 见一见

他是這本書的作者，您要不要_______他？

A. 聽一聽
B. 說一說
C. 聞一聞
D. 見一見

Tā shì zhè běn shū de zuò zhě，nín yào bú yào_______ tā？

A. tīng yī tīng
B. shuō yī shuō
C. wén yī wén
D. jiàn yī jiàn

ㄊㄚ ㄕˋ ㄓㄜˋ ㄅㄣˇ ㄕㄨ ˙ㄉㄜ ㄗㄨㄛˋ ㄓㄜˇ ，ㄋㄧㄣˊ ㄧㄠˋ ㄅㄨˊ ㄧㄠˋ _______ ㄊㄚ ？

A. ㄧㄣˇ ㄧ ㄧㄣˇ
B. ㄕㄨㄛ ㄧ ㄕㄨㄛ
C. ㄨㄣˊ ㄧ ㄨㄣˊ
D. ㄐㄧㄢˋ ㄧ ㄐㄧㄢˋ

Question 53

你这样做，_______不是在帮助她。

A. 会
B. 只
C. 并
D. 太

你這樣做，_______不是在幫助她。

A. 會
B. 只
C. 并
D. 太

Nǐ zhè yàng zuò，_______ bú shì zài bāng zhù tā。

A. huì
B. zhī
C. bìng
D. tài

ㄋㄧˇ ㄓㄜˋ ㄧㄤˋ ㄗㄨㄛˋ ，_______ ㄅㄨˊ ㄕˋ ㄗㄞˋ ㄅㄤ ㄓㄨˋ ㄊㄚ 。

A. ㄏㄨㄟˋ
B. ㄓˇ
C. ㄅㄧㄥˋ
D. ㄊㄞˋ

Question 54

他小的时候_______去旧金山参观博物馆。

A. 已经
B. 经常
C. 经历
D. 经过

他小的時候___去舊金山參觀博物館

A. 已經
B. 經常
C. 經歷
D. 經過

Tā xiǎo de shí hòu_______ qù jiù jīn shān cān guān bó wù guǎn。

A. yǐ jīng
B. jīng cháng
C. jīng lì
D. jīng guò

ㄊㄚ ㄒㄧㄠˇ ˙ㄉㄜ ㄕˊ ㄏㄡˋ _______ ㄑㄩˋ ㄐㄧㄡˋ ㄐㄧㄣ ㄕㄢ ㄘㄢ ㄍㄨㄢ ㄅㄛˊ ㄨˋ ㄍㄨㄢˇ 。

A. ㄧˇ ㄐㄧㄥ
B. ㄐㄧㄥ ㄔㄤˊ
C. ㄐㄧㄥ ㄌㄧˋ
D. ㄐㄧㄥ ㄍㄨㄛˋ

Question 55

我昨天去了一_______图书馆，借了一些物理书。

A. 台
B. 趟
C. 遍
D. 位

我昨天去了一_______圖書館，借了一些物理書。

A. 台
B. 趟
C. 遍
D. 位

Wǒ zuó tiān qù le yī_______ tú shū guǎn，jiè le yī xiē wù lǐ shū。

A. tái
B. tàng
C. biàn
D. wèi

ㄨㄛˇ ㄗㄨㄛˊ ㄊㄧㄢ ㄑㄩˋ ˙ㄌㄜ ㄧ _______ ㄊㄨˊ ㄕㄨ ㄍㄨㄢˇ ，ㄐㄧㄝˋ ˙ㄌㄜ ㄧ ㄒㄧㄝ ㄨˋ ㄌㄧˇ ㄕㄨ 。

A. ㄊㄞˊ
B. ㄊㄤˋ
C. ㄅㄧㄢˋ
D. ㄨㄟˋ

SAT II Chinese Simulated Test Four

Section III: Reading Comprehension

Directions: Read the following selections carefully. Answer the questions corresponding to each selection by selecting one of the four choices. Bubble in the best answer on the answer sheet. Each selection is presented in both traditional and simplified Chinese; you may use either to answer the questions.

妈妈:

今天我们三门课都考试了，我和两个同学说好放学后一起去逛商店，然后，我们想去电影院看场电影。您能十点钟去美美电影院接我吗？

小云

媽媽：

今天我們三門課都考試了，我和兩個同學說好放學後一起去逛商店，然後，我們想去電影院看場電影。您能十點鍾去美美電影院接我嗎？

小雲

Question 56 How many tests did Xiaoyun take today?
A. Two
B. Three
C. One
D. None

Question 57 What are Xiaoyun and her friend planning to do after school?
A. Shopping only
B. Watching a movie only
C. First shopping, then watching a movie
D. First watching a movie, then shopping

Question 58 When does Xiaoyun want Mom to pick her up?
A. 3:00
B. 1:00
C. 10:00
D. 2:00

文明行车，谨慎驾驶

文明行車，謹慎駕駛

Question 59 Who is this sign directed toward?
A. Passengers
B. Drivers
C. Police
D. Customers

<u>Question 60</u> Where would you see this sign?

A. Bathroom
B. Taxi
C. Police Station
D. Store

少林功夫中心
星期一至星期五
上午十点至晚上八点
星期六星期天
上午九点至下午五点

少林功夫中心
星期一至星期五
上午十點至晚上八點
星期六星期天
上午九點至下午五點

<u>Question 61</u> Where would you encounter this sign?

A. Community center
B. Temple
C. Software company
D. Martial arts training center

<u>Question 62</u> What time does it open on Saturday?

A. 10:00 am
B. 5:00 am
C. 9:00 am
D. 8:00 pm

减价大行动
所有家俱一律八折
免费运送

減價大行動
所有家俱一律八折
免費運送

<u>Question 63</u> What does this sign mean?

A. Big sale
B. Auction
C. Yard sale
D. Grand opening

Question 64 According to the sign, which item is not included?

A. Dining table
B. Sofa
C. Chairs
D. Electronics

Question 65 If you wanted to buy a laptop that is $1000 at full price, how much would you pay at this time?

A. $1000
B. $800
C. $200
D. $600

小心碰头 小心碰頭

Question 66 What does this sign mean?

A. Be careful
B. Slow down
C. Be quiet
D. No smoking

请勿喧哗 請勿喧嘩

Question 67 Where would you encounter this sign?

A. Library
B. Supermarket
C. Restaurant
D. Bathroom

根据气象台通知，本市明天后天将有八级大风，且有冰雹和大雪，本学区所有中小学明后两天放假。

根據氣象台通知，本市明天後天將有八級大風，且有冰雹和大雪，本學區所有中小學明後兩天放假。

Question 68 Who could have posted this?

A. School district
B. Weather channel
C. Community center
D. Police Department

Question 69 What type of weather is not included in this posting?

A. Wind
B. Hail
C. Snow
D. Rain

使用吹风机之前，请详细阅读产品说明书，信息咨询电 1-888-345-6789，技术帮助电 1-800-789-3456。

使用吹風機之前，請詳細閱讀產品說明書，信息咨詢電1-888-345-6789，技術幫助電1-800-789-3456。

Question 70 What item is this notice for?

A. Hair-dryer
B. Camera
C. Curling iron
D. Iron

Question 71 What is this number for: 1-888-345-6789?

A. Technical help
B. Information about the product
C. Emergency
D. Survey

请看管好个人物品

請看管好個人物品

Question 72 Where would you not encounter this sign?

A. Airport
B. Train station
C. Bus station
D. Own home

危险品

危險品

Question 73 What does this sign mean?

A. This item is dangerous
B. This item is a tester
C. This item is breakable
D. This item is valuable

生活与梦想
主讲人：王小明博士
地点：图书馆一层大厅
时间：周三晚七点半

生活與夢想
主講人：王小明博士
地點：圖書館一層大廳
時間：周三晚七點半

Question 74 What is being advertised?

A. University
B. New library
C. Book

D. Seminar

Question 75 What information is not included?

A. Time and date
B. Location
C. Speaker
D. Directions

吉屋出租 三房两浴，1800 英尺，学区优秀，交通方便，小区内环境优雅安全。意者请电 414-234-5678（晚）	吉屋出租 三房兩浴，1800英尺，學區優秀，交通方便，小區內環境優雅安全。意者請電414-234-5678（晚）

Question 76 What is this advertisement for?

A. Renting a house
B. Selling a house
C. Renting an office
D. Renting a storage space

Question 77 If interested, when should this number be contacted?

A. Morning
B. Weekends
C. Evening
D. Afternoon

一粟一饭当思来之不易	一粟一飯當思來之不易

Question 78 Where would you see this sign?

A. Bus station
B. School cafeteria
C. Zoo
D. Dog park

父母双月刊	父母雙月刊

Question 79 How often do issues come out?

A. Monthly
B. Bimonthly
C. Twice a month
D. Weekly

美美旅行社隆重推出
台湾七日游
体验客家文化，观赏宝岛风情，品尝台湾美食。

美美旅行社隆重推出
台灣七日遊
體驗客家文化，觀賞寶島風情，品嘗台灣美食。

Question 80 What destination is this posting advertising?

A. Taiwan
B. America
C. China
D. Europe

Question 81 What will the tourists be doing?

A. Watch movies
B. Sight seeing
C. Go to museums
D. Boating

最实惠的组合计划——家庭套装，包括两个独立号码，700 分钟，月费仅需 79.99 美元。月底截止，欲订从速。

最實惠的組合計劃——家庭套裝，包括兩個獨立號碼，700 分鐘，月費僅需 79.99 美元。月底截止，欲訂從速。

Question 82 What is this posting about?

A. Cellphone plan
B. Cable plan
C. Internet plan
D. Internet and cable plan

100083 北京市朝阳区门头沟 88 号 王大中 先生　收 河北大学物理系李小云寄 600078	100083 北京市朝陽區門頭溝 88 號 王大中 先生　收 河北大學物理系李小雲寄 600078

Question 83　According to this envelope, Who is the recipient?

A. Wang Dazhong
B. Li Xiaoyun
C. Beijing
D. Hebei

海华地铁公司宣布，为方便上下班高峰时期搭乘地铁出行的乘客，周一至周五上午 8：00—9：00，下午 5：00--6：00，每三分钟一班，其余时间仍然维持十分钟一班。	海華地鐵公司宣布，為方便上下班高峰時期搭乘地鐵出行的乘客，周一至周五上午 8：00—9：00，下午 5：00--6：00，每三分鍾一班，其於時間仍然維持十分鍾一班。

Question 84　What is this posting for?

A. Trolley
B. Bus
C. Subway
D. Airplane

Question 85　During what time will there be additional shifts?

A. 8-9 am
B. 9-10 am
C. 5-6 am
D. 11 am-12 pm

SAT II Chinese Simulated Test Five
Section I: Listening Comprehension

PART A

Directions: In this section you will hear short questions, statements or exchanges in Mandarin Chinese followed by three responses designated (A), (B), and (C). You will hear both the selections and responses only once and they are not printed in your test booklet. Therefore, you must listen very carefully. Choose the best response to the selection given and fill in the corresponding oval on your answer sheet.

Question 1	(A)	(B)	(C)
Question 2	(A)	(B)	(C)
Question 3	(A)	(B)	(C)
Question 4	(A)	(B)	(C)
Question 5	(A)	(B)	(C)
Question 6	(A)	(B)	(C)
Question 7	(A)	(B)	(C)
Question 8	(A)	(B)	(C)
Question 9	(A)	(B)	(C)
Question 10	(A)	(B)	(C)
Question 11	(A)	(B)	(C)
Question 12	(A)	(B)	(C)
Question 13	(A)	(B)	(C)
Question 14	(A)	(B)	(C)
Question 15	(A)	(B)	(C)

PART B

Directions: In this section you will hear a series of short selections. You will hear them only once and they are not printed in your test booklet. After each selection, you will be asked one or more questions on what you have just heard. These questions are printed in your test booklet and have four possible answer choices. Choose the best response to the selection given and fill in the corresponding oval on your answer sheet. You have 15 seconds to answer each question.

#16-17

Question 16 What is this message regarding?

A. Telling Lida about the carwash fundraiser.
B. Telling the gas station manager about the carwash fundraiser.
C. Telling Kelly about the carwash fundraiser.
D. Telling Daming about the carwash fundraiser.

Question 17 Who is in charge of the morning shift?

A. Daming
B. Kelly
C. Lida
D. Gas station manager

#18-19

Question 18 Who posted this advertisement?

A. Restaurant
B. Bookstore
C. Department store
D. Police station

Question 19 When does this even start?

A. The 15th of this month
B. The 30th of this month
C. The 1st of this month
D. The 7th of this month

#20-21

Question 20 Where did this conversation take place?

A. Demo station
B. Factory
C. Home
D. Police station

Question 21 Which statement about this product is incorrect?

A. This is a new product.
B. This product is very convenient.
C. This product is for demonstration purposes.
D. This product is for tasting.

#22-23

Question 22 What is this announcement for?

A. Girl Scout recruitment
B. Girl Scout parade
C. Girl Scout cookie sale
D. Girl Scout car wash

Question 23 What will the money be used for?

A. Support Girl Scout activities
B. Given to charity
C. Science competition
D. School field trip

#24-25

<u>Question 24</u> Who is this message for?

A. Sam
B. Ms. Zhang
C. Mr. Zhang
D. Lidali

<u>Question 25</u> When can the car not be picked up?

A. 4 pm
B. 5 pm
C. 6 pm
D. 7 pm

#26-28

<u>Question 26</u> What is this conversation regarding?

A. Movie
B. Dance
C. Fundraiser
D. Birthday party

<u>Question 27</u> Who is sick?

A. David
B. Mike
C. Lisa
D. Linda

<u>Question 28</u> When is this event most likely taking place?

A. Tuesday
B. Wednesday
C. Thursday
D. Saturday

#29-30

<u>Question 29</u> Where is this recording from?

A. Hospital
B. Phone bank
C. Library
D. School

<u>Question 30</u> Which button needs to be pressed after entering in the password?

A. Pound
B. Star
C. 0
D. 1

SAT II Chinese Simulated Test Five
Section I: Listening Comprehension

PART A

Directions: In this section you will hear short questions, statements or exchanges in Mandarin Chinese followed by three responses designated (A), (B), and (C). You will hear both the selections and responses only once and they are not printed in your test booklet. Therefore, you must listen very carefully. Choose the best response to the selection given and fill in the corresponding oval on your answer sheet.

Question 1
你的广东话说得很地道！
A，哪里哪里，过奖了。
B，你怎么这样说呢。
C，广东话一点儿也不难说。

Question 2
你喜欢看什么书？
A，小说。
B，广告。
C，电影。

Question 3
听说你下学期要去图书馆做义工，是吗？
A，是啊。
B，不可能吧。
C，真的吗？

Question 4
你喜欢上中文课吗？
A，不喜欢，我听不懂。
B，是王老师的英文课吗？
C，中文老师的英文不好吗？

Question 5
明天有雷暴，在学校要小心一些。
A，知道了。
B，带把伞会好很多。
C，学校会通知的。

Question 6
今年冬天可真冷。
A，可不是嘛，这已经是第三场雪了。
B，今年冬天很好。
C，去年冬天很冷。

Question 7
请问去国际航班的入口怎么走？
A，国际航班的乘客需要携带护照。
B，往前走，第二个口向右拐。
C，这是国际航班的行李口。

Question 8
你知道春节除了吃饺子，还要吃什么？
A，吃粽子。
B，吃年糕。
C，吃月饼。

Question 9
中国的哪条河被称作是母亲河？
A，黄河。
B，黑龙江。
C，珠江。

Question 10
你们学校平常几点吃午饭？
A，星期二是 11 点半。
B，学校的午饭很不好吃。
C，11 点半。

Question 11
听说你很喜欢玩这一类的电子游戏，你知道这个游戏吗？
A，电子游戏很好玩儿的。
B，我喜欢玩儿很多种游戏呢。
C，你可真是问对人了。

Question 12
可以占用你几分钟吗？
A，不客气，你慢用。
B，谢谢，谢谢。
C，可以，您请说。

Question 13
妈妈，您可以把我的网球拍送到学校办公室吗？我中饭时去取。
A，他告诉妈妈他中饭时去办公室。
B，他告诉妈妈他中饭时去打网球。
C，他告诉妈妈中饭前把网球拍送到办公室。

Question 14
您是大卫吗？
A，我是，有事儿吗？
B，大卫妈妈不在。
C，大卫是你吗？

Question 15
我觉得茶比咖啡好喝多了。您说呢？
A，我觉得茶和咖啡各有特色。
B，我每天喝茶。
C，我什么也没说。

PART B

Directions: In this section you will hear a series of short selections. You will hear them only once and they are not printed in your test booklet. After each selection, you will be asked one or more questions on what you have just heard. These questions are printed in your test booklet and have four possible answer choices. Choose the best response to the selection given and fill in the corresponding oval on your answer sheet. You have 15 seconds to answer each question.

#16-17

大明，您好！我是凯丽。利达加油站的老板同意我们在他的加油站举行洗车筹款的活动，明天我们分两组进行。你负责上午组，10 点到 12 点。我负责下午组，12 点到 2 点。如果有问题，千万通知我。

#18-19

本餐厅为答谢顾客的厚爱，本月 15 号到 30 号，午餐特价优惠，七元一份。欢迎惠顾。

#20-21

这是我们公司的新产品，请试一试。
这个不错，出门的时候带着很方便。
是的，这是最新的便携款式。

#22-23

女童子军的饼干现在开始出售，所得款项将用于女童子军的日常活动。凡欲购买者，请尽快与女童子军成员联系。

#24-25

张先生，您好！我是利达利汽车修理厂的山姆。您的车已经修好了，您可以随时来取。我们今天六点半下班。有任何问题，请拨打我们的电话 415-7645698。谢谢！

#26-28

大卫，周末的舞会你要去吗？
嘿，丽萨。去呀，你呢？
我还没有舞伴呢。
咦，麦克不去了吗？
是啊，他昨天生病了。

#29-30

你好，欢迎使用电话银行业务，请输入你的使用密码，并按星字键。

SAT II Chinese Simulated Test Five

Section II: Grammar

Directions: Complete the sentences by choosing one of the four choices. Each question is presented in four different ways: simplified characters, traditional characters, pinyin, and Chinese phonetic alphabet (bo po mo fo). Choose the writing form with which you are most familiar and read only from that column as you work through this section of the test.Bubble in the choice that best completes the sentence.

<u>Question 31</u>

教室里_______许多澳大利亚留学生。

A. 坐在
B. 坐着
C. 坐上
D. 坐下

教室裡_______許多澳大利亞留學生。

A. 坐在
B. 坐著
C. 坐上
D. 坐下

Jiào shì lǐ_______ xǔ duō ào dà lì yà liú xué shēng。

A. zuò zài
B. zuò zhe
C. zuò shàng
D. zuò xià

ㄐㄧㄠˋ ㄕˋ ㄌㄧˇ _______ㄒㄩˇ ㄉㄨㄛ ㄠˋ ㄉㄚˋ ㄌㄧˋ ㄧㄚˇ ㄌㄧㄡˊ ㄒㄩㄝˊ ㄕㄥ 。

A. ㄗㄨㄛˋ ㄗㄞˋ
B. ㄗㄨㄛˋ ˙ㄓㄜ
C. ㄗㄨㄛˋ ㄕㄤˋ
D. ㄗㄨㄛˋ ㄒㄧㄚˋ

<u>Question 32</u>

弟弟看见妈妈，高兴_______大喊大叫。

A. 的
B. 地
C. 得
D. 特别

弟弟看見媽媽，高興_______大喊大叫。

A. 的
B. 地
C. 得
D. 特別

Dì dì kàn jiàn mā mā，gāo xìng_______ dà hǎn dà jiào。

A. de
B. dì
C. de
D. tè bié

ㄉㄧˋ ㄉㄧˋ ㄎㄢˋ ㄐㄧㄢˋ ㄇㄚ ㄇㄚ ，ㄍㄠ ㄒㄧㄥ _______ㄉㄚˋ ㄏㄢˇ ㄉㄚˋ ㄐㄧㄠˋ 。

A. ˙ㄉㄜ
B. ㄉㄧˋ
C. ㄉㄜˊ
D. ㄊㄜˋ ㄅㄧㄝˊ

Question 33

上海的冬天____冷___湿。
A. 越，越
B. 又，又
C. 和，和
D. 一边，一边

上海的冬天____冷___濕。
A. 越，越
B. 又，又
C. 和，和
D. 一邊，一邊

Shàng hǎi de dōng tiān_____ lěng____ shī。
A. yuè，yuè
B. yòu，yòu
C. hé，hé
D. yī biān，yī biān

ㄕㄤˋ ㄏㄞˇ ˙ㄉㄜ ㄉㄨㄥ ㄊㄧㄢ _____ㄌㄥˇ ____ㄕ 。
A. ㄩㄝˋ，ㄩㄝˋ
B. ㄧㄡˋ，ㄧㄡˋ
C. ㄏㄜˊ，ㄏㄜˊ
D. ㄧ ㄅㄧㄢ，ㄧ ㄅㄧㄢ

Question 34

姐姐：“明天下午我们一起去看电影_______。”
妹妹：“好，好。”
A. 吧
B. 吗
C. 么
D. 了

姐姐：“明天下午我們一起去看電影_______。”
妹妹：“好，好。”
A. 吧
B. 嗎
C. 麼
D. 了

Jiě jiě: “míng tiān xià wǔ wǒ men yī qǐ qù kàn diàn yǐng________。”
Mèi mèi: “hǎo，hǎo。”
A. ba
B. ma
C. mo
D. le

ㄐㄧㄝˇ ㄐㄧㄝˇ：“ㄇㄧㄥˊ ㄊㄧㄢ ㄒㄧㄚˋ ㄨˇ ㄨㄛˇ ˙ㄇㄣ ㄧ ㄑㄧˇ ㄑㄩˋ ㄎㄢˋ ㄉㄧㄢˋ ㄧㄥˇ ________。”
ㄇㄟˋ ㄇㄟˋ：“ㄏㄠˇ，ㄏㄠˇ。”
A. ˙ㄅㄚ
B. ˙ㄇㄚ
C. ㄧㄠ
D. ˙ㄌㄜ

Question 35

我一个人_______这么多东西。
A. 拿不了
B. 拿下了
C. 拿了拿
D. 拿不拿

我一個人_______這麼多東西。
A. 拿不了
B. 拿下了
C. 拿了拿
D. 拿不拿

Wǒ yī gè rén_______ zhè mo duō dōng xī。
A. ná bù liǎo
B. ná xià le
C. ná le ná
D. ná bù ná

ㄨㄛˇ ㄧ ˙ㄍㄜ ㄖㄣˊ ________ㄓㄜˋ ㄧㄠ ㄉㄨㄛ ㄉㄨㄥ ㄒㄧ 。
A. ㄋㄚˊ ㄅㄨˊ ˙ㄌㄜ
B. ㄋㄚˊ ㄒㄧㄚˋ ˙ㄌㄜ
C. ㄋㄚˊ ˙ㄌㄜ ㄋㄚˊ
D. ㄋㄚˊ ㄅㄨˊ ㄋㄚˊ

Question 36

这个电影真不错，我已经看过三_______了。

A. 遍
B. 部
C. 张
D. 套

這個電影真不錯，我已經看過三_______了。

A. 遍
B. 部
C. 張
D. 套

Zhè gè diàn yǐng zhēn bú cuò，wǒ yǐ jīng kàn guò sān_______ le。

A. biàn
B. bù
C. zhāng
D. tào

ㄓㄜˋ ˙ㄍㄜ ㄉㄧㄢˋ ㄧㄥˇ ㄓㄣ ㄅㄨˊ ㄘㄨㄛˋ，ㄨㄛˇ ㄧˇ ㄐㄧㄥ ㄎㄢˋ ㄍㄨㄛˋ ㄙㄢ _______ ˙ㄌㄜ 。

A. ㄅㄧㄢˋ
B. ㄅㄨˋ
C. ㄓㄤ
D. ㄊㄠˋ

Question 37

这_______电影票是我妈妈买的。

A. 把
B. 篇
C. 张
D. 份

這_______電影票是我媽媽買的。

A. 把
B. 篇
C. 張
D. 份

Zhè_______ diàn yǐng piào shì wǒ mā ma mǎi de。

A. bǎ
B. piān
C. zhāng
D. fèn

ㄓㄜˋ _______ㄉㄧㄢˋ ㄧㄥˇ ㄆㄧㄠˋ ㄕˋ ㄨㄛˇ ㄇㄚ ㄇㄚ ㄇㄞˇ ˙ㄉㄜ 。

A. ㄅㄚˇ
B. ㄆㄧㄢ
C. ㄓㄤ
D. ㄈㄣˋ

Question 38

这_______航班的机票已经卖完了。

A. 辆
B. 趟
C. 列
D. 座

這_______航班的機票已經賣完了。

A. 輛
B. 趟
C. 列
D. 座

Zhè_______ háng bān de jī piào yǐ jīng mài wán le。

A. liàng
B. tàng
C. liè
D. zuò

ㄓㄜˋ _______ㄏㄤˊ ㄅㄢ ˙ㄉㄜ ㄐㄧ ㄆㄧㄠˋ ㄧˇ ㄐㄧㄥ ㄇㄞˋ ㄨㄢˊ ˙ㄌㄜ 。

A. ㄌㄧㄤˋ
B. ㄊㄤˋ
C. ㄌㄧㄝˋ
D. ㄗㄨㄛˋ

Question 39

这儿的夏天很热，常常连一_______风也没有。

A. 丝
B. 片
C. 次
D. 场

這兒的夏天很熱，常常連一_______風也沒有。

A. 絲
B. 片
C. 次
D. 場

Zhèr de xià tiān hěn rè，cháng cháng lián yī_______ fēng yě méi yǒu。

A. sī
B. piàn
C. cì
D. cháng

ㄓㄜˋ ㄖㄣˊ ˙ㄉㄜ ㄒㄧㄚˋ ㄊㄧㄢ ㄏㄣˇ ㄖㄜˋ，ㄔㄤˊ ㄔㄤˊ ㄌㄧㄢˊ ㄧ _______ ㄈㄥ ㄧㄝˇ ㄇㄟˊ ㄧㄡˇ。

A. ㄙ
B. ㄆㄧㄢˋ
C. ㄘˋ
D. ㄔㄤˇ

Question 40

明年圣诞节，我_______去上海，_______去北京。

A. 因为，所以
B. 只要，才
C. 是，还是，
D. 不是，就是

明年聖誕節，我_______去上海，_______去北京。

A. 因為，所以
B. 只要，才
C. 是，還是，
D. 不是，就是

Míng nián shèng dàn jié，wǒ_______ qù shàng hǎi，_______ qù běi jīng。

A. yīn wéi，suǒ yǐ
B. zhī yào，cái
C. shì，hái shì，
D. bú shì，jiù shì

ㄇㄧㄥˊ ㄋㄧㄢˊ ㄕㄥˋ ㄉㄢˋ ㄐㄧㄝˊ，ㄨㄛˇ _______ ㄑㄩˋ ㄕㄤˋ ㄏㄞˇ，_______ ㄑㄩˋ ㄅㄟˇ ㄐㄧㄥ。

A. ㄧㄣ ㄨㄟˋ，ㄙㄨㄛˇ ㄧˇ
B. ㄓˇ ㄧㄠˋ，ㄘㄞˊ
C. ㄕˋ，ㄏㄞˊ ㄕˋ，
D. ㄅㄨˊ ㄕˋ，ㄐㄧㄡˋ ㄕˋ

Question 41

我回到家，_______做完作业，_______玩游戏。

A. 先，然后
B. 又，又
C. 也，也
D. 一边，一边

我回到家，_______做完作業，_______玩遊戲。

A. 先，然後
B. 又，又
C. 也，也
D. 一邊，一邊

Wǒ huí dào jiā，_______ zuò wán zuò yè，_______ wán yóu xì。

A. xiān，rán hòu
B. yòu，yòu
C. yě，yě
D. yī biān，yī biān

ㄨㄛˇ ㄏㄨㄟˊ ㄉㄠˋ ㄐㄧㄚ，_______ ㄗㄨㄛˋ ㄨㄢˊ ㄗㄨㄛˋ ㄧㄝˋ，_______ ㄨㄢˊ ㄧㄡˊ ㄒㄧˋ。

A. ㄒㄧㄢ，ㄖㄢˊ ㄏㄡˋ
B. ㄧㄡˋ，ㄧㄡˋ
C. ㄧㄝˇ，ㄧㄝˇ
D. ㄧ ㄅㄧㄢ，ㄧ ㄅㄧㄢ

Question 42

______明天下雨，我们 _______要去看电影。

A. 即使，也
B. 既然，就
C. 无论，才
D. 不论，就

______明天下雨，我們 _______要去看電影。

A. 即使，也
B. 既然，就
C. 無論，才
D. 不論，就

______ míng tiān xià yǔ，wǒ men _______ yào qù kàn diàn yǐng。

A. Jí shǐ，yě
B. Jì rán，jiù
C. Wú lùn，cái
D. Bù lùn，jiù

______ㄇㄧㄥˊ ㄊㄧㄢ ㄒㄧㄚˋ ㄩˇ，ㄨㄛˇ ˙ㄇㄣ _______ㄧㄠˋ ㄑㄩˋ ㄎㄢˋ ㄉㄧㄢˋ ㄧㄥˇ。

A. ㄐㄧˊ ㄕˇ，ㄧㄝˇ
B. ㄐㄧˋ ㄖㄢˊ，ㄐㄧㄡˋ
C. ㄨˊ ㄌㄨㄣˋ，ㄘㄞˊ
D. ㄅㄨˊ ㄌㄨㄣˋ，ㄐㄧㄡˋ

Question 43

张大江说话_______声儿______气儿的。

A. 有，无
B. 有，有
C. 无，无
D. 细，细

張大江說話_______聲兒______气兒的。

A. 有，,無
B. 有，有
C. 無，無
D. 細，細

Zhāng dà jiāng shuō huà_______ shēngr______ qìr de。

A. yǒu，, wú
B. yǒu，yǒu
C. wú，wú
D. xì，xì

ㄓㄤ ㄉㄚˋ ㄐㄧㄤ ㄕㄨㄛ ㄏㄨㄚˋ _______ㄕㄥ ㄖㄣˊ ______ㄑㄧˋ ㄖㄣˊ ˙ㄉㄜ。

A. ㄧㄡˇ，,ㄨˊ
B. ㄧㄡˇ，ㄧㄡˇ
C. ㄨˊ，ㄨˊ
D. ㄒㄧˋ，ㄒㄧˋ

Question 44

这件事发生得太_______，把我们吓了一跳。

A. 忽然
B. 果然
C. 突然
D. 居然

這件事發生得太_______，把我們嚇了一跳。

A. 忽然
B. 果然
C. 突然
D. 居然

Zhè jiàn shì fā shēng de tài_______，bǎ wǒ men xià le yī tiào。

A. hū rán
B. guǒ rán
C. tū rán
D. jū rán

ㄓㄜˋ ㄐㄧㄢˋ ㄕˋ ㄈㄚ ㄕㄥ ㄉㄜˊ ㄊㄞˋ _______，ㄅㄚˇ ㄨㄛˇ ˙ㄇㄣ ㄒㄧㄚˋ ˙ㄉㄜ ㄧ ㄊㄧㄠˋ。

A. ㄏㄨ ㄖㄢˊ
B. ㄍㄨㄛˇ ㄖㄢˊ
C. ㄊㄨˊ ㄖㄢˊ
D. ㄐㄩ ㄖㄢˊ

Question 45

李大中的中文说得_______地道。

A. 真
B. 太
C. 可
D. 能

李大中的中文說得_______地道。

A. 真
B. 太
C. 可
D. 能

Lǐ dà zhōng de zhōng wén shuō de_______ dì dào。

A. zhēn
B. tài
C. kě
D. néng

ㄌㄧˇ ㄉㄚˋ ㄓㄨㄥ ˙ㄉㄜ ㄓㄨㄥ ㄨㄣˊ ㄕㄨㄛ ㄉㄜˊ _______ ㄉㄧˋ ㄉㄠˋ 。

A. ㄓㄣ
B. ㄊㄞˋ
C. ㄎㄜˇ
D. ㄋㄥˊ

Question 46

台湾的高楼 _______真多！

A. 极
B. 可
C. 好
D. 太

台灣的高樓 _______真多！

A. 極
B. 可
C. 好
D. 太

Tái wān de gāo lóu _______ zhēn duō！

A. jí
B. kě
C. hǎo
D. tài

ㄊㄞˊ ㄨㄢ ˙ㄉㄜ ㄍㄠ ㄌㄡˊ _______ ㄓㄣ ㄉㄨㄛ ！

A. ㄐㄧˊ
B. ㄎㄜˇ
C. ㄏㄠˇ
D. ㄊㄞˋ

Question 47

化学课很有趣，我很喜欢，也学到了_______知识。

A. 不多
B. 不少
C. 至少
D. 多少

化學課很有趣，我很喜歡，也學到了_______知識。

A. 不多
B. 不少
C. 至少
D. 多少

Huà xué kè hěn yǒu qù，wǒ hěn xǐ huān，yě xué dào le _______ zhī shí。

A. bù duō
B. bù shǎo
C. zhì shǎo
D. duō shǎo

ㄏㄨㄚˋ ㄒㄩㄝˊ ㄎㄜˋ ㄏㄣˇ ㄧㄡˇ ㄑㄩˋ ，ㄨㄛˇ ㄏㄣˇ ㄒㄧˇ ㄏㄨㄢ ，ㄧㄝˇ ㄒㄩㄝˊ ㄉㄠˋ ˙ㄌㄜ _______ ㄓ ㄕˋ 。

A. ㄅㄨˊ ㄉㄨㄛ
B. ㄅㄨˊ ㄕㄠˇ
C. ㄓˋ ㄕㄠˇ
D. ㄉㄨㄛ ㄕㄠˇ

Question 48

我姐姐的男朋友_______我高一点儿。
- A. 比
- B. 与
- C. 跟
- D. 相

我姐姐的男朋友_______我高一點兒。
- A. 比
- B. 與
- C. 跟
- D. 相

Wǒ jiě jie de nán péng yǒu_______ wǒ gāo yī diǎnr。
- A. bǐ
- B. yǔ
- C. gēn
- D. xiāng

ㄨㄛˇ ㄐㄧㄝˇ ㄐㄧㄝˇ ˙ㄉㄜ ㄋㄢˊ ㄆㄥˊ ㄧㄡˇ _______ ㄨㄛˇ ㄍㄠ ㄧ ㄉㄧㄢˇ ㄖㄣˊ 。
- A. ㄅㄧˇ
- B. ㄩˇ
- C. ㄍㄣ
- D. ㄒㄧㄤ

Question 49

那本中文字典_______李大力借走了。
- A. 被
- B. 有
- C. 把
- D. 就

那本中文字典_______李大力借走了。
- A. 被
- B. 有
- C. 把
- D. 就

Nà běn zhōng wén zì diǎn_______ lǐ dà lì jiè zǒu le。
- A. bèi
- B. yǒu
- C. bǎ
- D. jiù

ㄋㄚˇ ㄅㄣˇ ㄓㄨㄥ ㄨㄣˊ ㄗˋ ㄉㄧㄢˇ _______ ㄌㄧˇ ㄉㄚˋ ㄌㄧˋ ㄐㄧㄝˋ ㄗㄡˇ ˙ㄌㄜ 。
- A. ㄅㄟˋ
- B. ㄧㄡˇ
- C. ㄅㄚˇ
- D. ㄐㄧㄡˋ

Question 50

这个牌子的橙子汁_______不好喝。
- A. 没
- B. 很
- C. 那
- D. 这

這個牌子的橙子汁_______不好喝。
- A. 沒
- B. 很
- C. 那
- D. 這

Zhè gè pái zǐ de chéng zǐ zhī_______ bù hǎo hē。
- A. méi
- B. hěn
- C. nà
- D. zhè

ㄓㄜˋ ˙ㄍㄜ ㄆㄞˊ ˙ㄗ ˙ㄉㄜ ㄔㄥˊ ˙ㄗ ㄓ _______ ㄅㄨˋ ㄏㄠˇ ㄏㄜ 。
- A. ㄇㄟˊ
- B. ㄏㄣˇ
- C. ㄋㄚˇ
- D. ㄓㄜˋ

Question 51

书店关门了，我_______有买到那本书。

A. 不
B. 可
C. 能
D. 没

書店關門了，我_______有買到那本書。

A. 不
B. 可
C. 能
D. 沒

Shū diàn guān mén le，wǒ_______ yǒu mǎi dào nà běn shū。

A. bù
B. kě
C. néng
D. méi

ㄕㄨ ㄉㄧㄢˋ ㄍㄨㄢ ㄇㄣˊ ˙ㄌㄜ，ㄨㄛˇ _______ㄧㄡˇ ㄇㄞˇ ㄉㄠˋ ㄋㄚˇ ㄅㄣˇ ㄕㄨ。

A. ㄅㄨˊ
B. ㄎㄜˇ
C. ㄋㄥˊ
D. ㄇㄟˊ

Question 52

他是这部电影的导演，您想_______他吗？

A. 听一听
B. 说一说
C. 闻一闻
D. 见一见

他是這部電影的導演，您想_______他嗎？

A. 聽一聽
B. 說一說
C. 聞一聞
D. 見一見

Tā shì zhè bù diàn yǐng de dǎo yǎn，nín xiǎng_______ tā ma？

A. tīng yī tīng
B. shuō yī shuō
C. wén yī wén
D. jiàn yī jiàn

ㄊㄚ ㄕˋ ㄓㄜˋ ㄅㄨˋ ㄉㄧㄢˋ ㄧㄥˇ ˙ㄉㄜ ㄉㄠˇ ㄧㄢˇ，ㄋㄧㄣˊ ㄒㄧㄤˇ _______ ㄊㄚ ˙ㄇㄚ？

A. ㄧㄣˇ ㄧ ㄧㄣˇ
B. ㄕㄨㄛ ㄧ ㄕㄨㄛ
C. ㄨㄣˊ ㄧ ㄨㄣˊ
D. ㄐㄧㄢˋ ㄧ ㄐㄧㄢˋ

Question 53

很显然，这幅画儿画得_______那幅画儿。

A. 不会
B. 不只
C. 不如
D. 不但

很顯然，這幅畫兒畫得_______那幅畫兒。

A. 不會
B. 不只
C. 不如
D. 不但

Hěn xiǎn rán，zhè fú huàr huà de_______ nà fú huàr。

A. bù huì
B. bù zhī
C. bù rú
D. bú dàn

ㄏㄣˇ ㄒㄧㄢˇ ㄖㄢˊ，ㄓㄜˋ ㄈㄨˊ ㄏㄨㄚˋ ㄖㄣˊ ㄏㄨㄚˋ ㄉㄜˊ _______ ㄋㄚˇ ㄈㄨˊ ㄏㄨㄚˋ ㄖㄣˊ。

A. ㄅㄨˊ ㄏㄨㄟˋ
B. ㄅㄨˊ ㄓˇ
C. ㄅㄨˊ ㄖㄨˊ
D. ㄅㄨˊ ㄉㄢˋ

Question 54

他看了好半天，_______明白。

A. 已
B. 才
C. 就
D. 也

他看了好半天，_______明白。

A. 已
B. 才
C. 就
D. 也

Tā kàn le hǎo bàn tiān，_______ míng bái。

A. yǐ
B. cái
C. jiù
D. yě

ㄊㄚ ㄎㄢˋ ˙ㄌㄜ ㄏㄠˇ ㄅㄢˋ ㄊㄧㄢ ，_______ㄇㄧㄥˊ ㄅㄞˊ 。

A. ㄧˇ
B. ㄘㄞˊ
C. ㄐㄧㄡˋ
D. ㄧㄝˇ

Question 55

这个演员出生_______1880 年。

A. 当
B. 从
C. 于
D. 与

這個演員出生_______1880年。

A. 當
B. 從
C. 于
D. 與

Zhè gè yǎn yuán chū shēng_______1880 nián。

A. dāng
B. cóng
C. yú
D. yǔ

ㄓㄜˋ ˙ㄍㄜ ㄧㄢˇ ㄩㄢˊ ㄔㄨ ㄕㄥ _______1880ㄋㄧㄢˊ 。

A. ㄉㄤ
B. ㄘㄨㄥˊ
C. ㄩˊ
D. ㄩˇ

SAT II Chinese Simulated Test Five

Section III: Reading Comprehension

Directions: Read the following selections carefully. Answer the questions corresponding to each selection by selecting one of the four choices. Bubble in the best answer on the answer sheet. Each selection is presented in both traditional and simplified Chinese; you may use either to answer the questions.

大卫：

这个周六，我和玛丽，约翰还有露斯约好一起逛商店。然后，我们在东西南北小吃店吃麻辣炒米粉。中饭后，我们打算去旧金山滑冰场滑冰。你要是想和我们一起去，周六十点钟在天下第一店门口等我们。

小云

大衛：

這個周六，我和瑪麗，約翰還有露斯約好一起逛商店。然後，我們在東西南北小吃店吃麻辣炒米粉。中飯後，我們打算去舊金山滑冰場滑冰。你要是想和我們一起去，周六十點鍾在天下第一店門口等我們。

小雲

Question 56 What aren't Xiaoyun and her friends planning to do on Saturday?

A. Ice skating
B. Shopping
C. Eat lunch
D. Go to museum

Question 57 Where are Xiaoyun and her friends planning to eat lunch?

A. Dong Nan Xi Bei Xiao Chi Cafe
B. San Francisco Skating Rink
C. Tian Xia Di Yi Shop
D. Dong Xi Nan Bei Xiao Chi Cafe

Question 58 Where should Da Wei meet them if he wants to go?

A. Dong Nan Xi Bei Xiao Chi Cafe
B. San Francisco Skating Rink
C. Tian Xia Di Yi Shop
D. Dong Xi Nan Bei Xiao Chi Cafe

多弯路滑，小心驾驶

多彎路滑，小心駕駛

Question 59 Who is this sign directed toward?

A. Passengers
B. Drivers
C. Police
D. Customers

非卖品

非賣品

Question 60 Where would you see this sign?

A. Bathroom
B. Taxi
C. Police Station
D. Store

中正电影院
星期一至星期四
上午十点至晚上十一点
星期五至星期天
下午一点至凌晨四点

中正電影院
星期一至星期四
上午十點至晚上十一點
星期五至星期天
下午一點至凌晨四點

Question 61 Where would you encounter this sign?

A. Movie theater
B. School office
C. Electrical company
D. Department store

Question 62 What time does it close on Sunday?

A. 4:00 am
B. 10:00 pm
C. 11:00 pm
D. 1:00 am

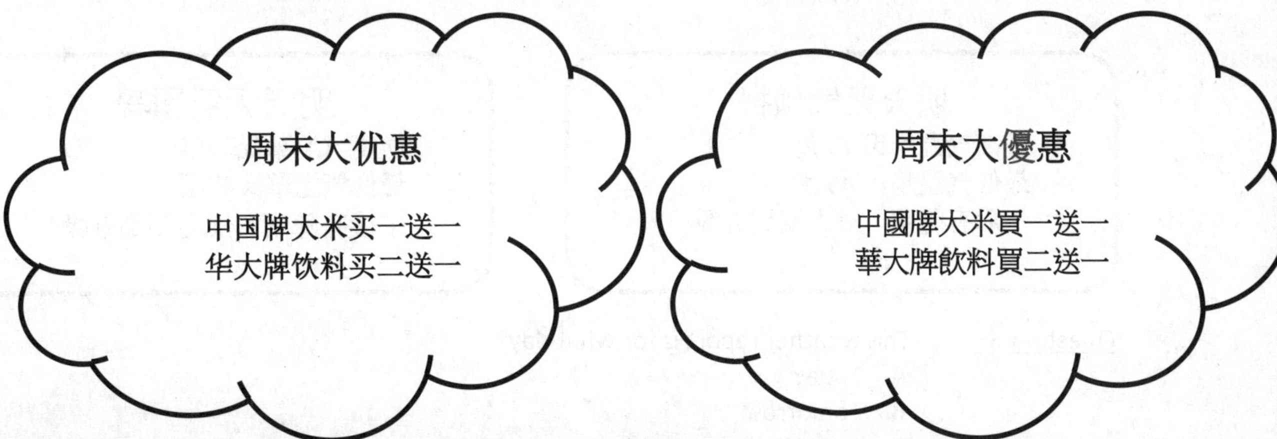

Question 63 Around what time would you see this sign?

A. Holidays
B. Weekends
C. Weekdays
D. Grand opening

Question 64 According to the sign, what happens during this time?
A. Free shipping
B. Multiple items for the price of one
C. Free membership with minimum purchase
D. Free samples

Question 65 If you wanted to buy $20 worth of rice, at $10 a bag, how many bags of rice would you be able to purchase at this time?
A. 2
B. 4
C. 3
D. 5

试用品　　　　試用品

Question 66 According to the above sign, this item is for:
A. Recycling
B. Viewing only
C. Sampling
D. Sale

紧急出口　　　　緊急出口

Question 67 What does this sign mean?
A. Entrance
B. Emergency exit
C. Do not exit
D. Welcome

明天天气预报
最高气温华氏 75 度
最低气温华氏 45 度
午后有阵雨，风力四到五级

明天天氣預報
最高气溫華氏75度
最低气溫華氏45度
午後有陣雨，風力四到五級

Question 68 This weather report is for what day?
A. Today
B. Tomorrow
C. Next Wednesday
D. Next Sunday

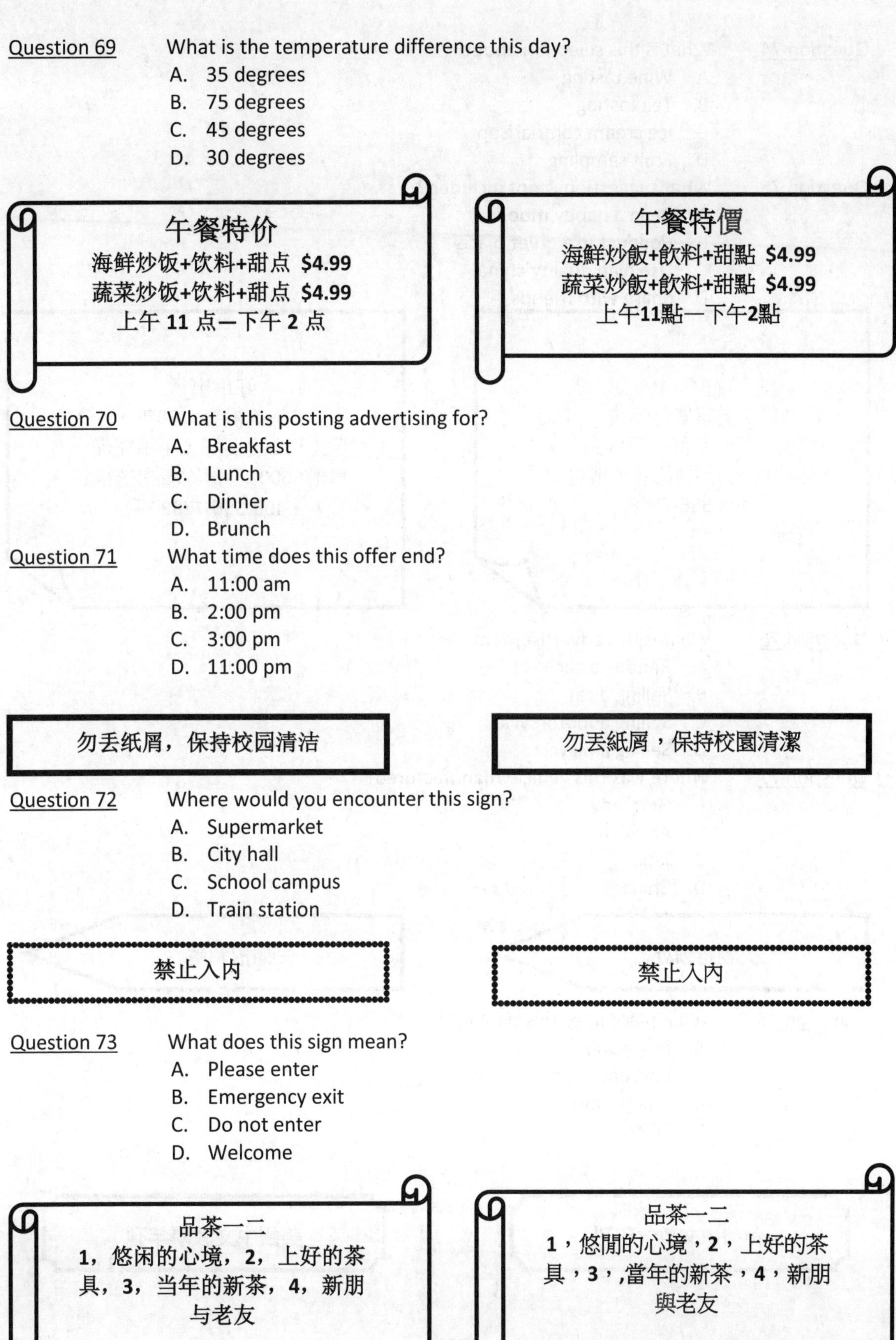

Question 69 What is the temperature difference this day?

A. 35 degrees
B. 75 degrees
C. 45 degrees
D. 30 degrees

午餐特价
海鲜炒饭+饮料+甜点 $4.99
蔬菜炒饭+饮料+甜点 $4.99
上午 11 点—下午 2 点

午餐特價
海鮮炒飯+飲料+甜點 $4.99
蔬菜炒飯+飲料+甜點 $4.99
上午11點—下午2點

Question 70 What is this posting advertising for?

A. Breakfast
B. Lunch
C. Dinner
D. Brunch

Question 71 What time does this offer end?

A. 11:00 am
B. 2:00 pm
C. 3:00 pm
D. 11:00 pm

勿丢纸屑，保持校园清洁

勿丟紙屑，保持校園清潔

Question 72 Where would you encounter this sign?

A. Supermarket
B. City hall
C. School campus
D. Train station

禁止入内

禁止入內

Question 73 What does this sign mean?

A. Please enter
B. Emergency exit
C. Do not enter
D. Welcome

品茶一二
1，悠闲的心境，2，上好的茶具，3，当年的新茶，4，新朋与老友

品茶一二
1，悠閒的心境，2，上好的茶具，3，,當年的新茶，4，新朋與老友

Question 74 What is this selection about?

A. Wine tasting
B. Tea tasting
C. Ice cream comparison
D. Fruit sampling

Question 75 What suggestion is not included?

A. Be in a happy mood
B. Conduct in a quiet place
C. Use high quality china
D. Share with friends

好车出售
日产本田奥得赛，98 年，十万英里，维护良好，手续完备。售价$6000。预约看车请电 1-408-556-7788。

好車出售
日產本田奧得賽，98年，十萬英里，維護良好，手續完備。售價$6000。預約看車請電1-408-556-7788。

Question 76 What is this advertisement for?

A. Renting a car
B. Selling a car
C. Selling a motorcycle
D. Selling a bicycle

Question 77 Where was this vehicle manufactured?

A. Germany
B. America
C. Japan
D. China

失物招领处

失物招領處

Question 78 What place does this sign indicate?

A. Dog pound
B. Lost and found
C. Bus station
D. Library

美国中文教学年刊

美國中文教學年刊

Question 79 What is this journal about?

A. Computer software
B. Chinese economics
C. American economics
D. Chinese learning and teaching

山是家乡的美，水是家乡的甜。人人都说家乡好。

山东同乡会隆重纳新

山是家鄉的美，水是家鄉的甜。人人都說家鄉好。

山東同鄉會隆重納新

Question 80 What is the purpose of this posting?

A. Selling a product
B. Free exhibition
C. Recruit new members
D. Book signing

Question 81 Who posted this?

A. Shandong Association
B. Shandong Magazine
C. Shandong Journal
D. Shandong Travel Agency

根据国家气象局预报，五号台风将于明天后天即 15 日 16 日袭击我市沿海一带，望大家夜间尽量不要外出，各家各户做好防风防水的工作。

根據國家氣象局預報，五號台風將於明天後天即 15 日 16 日襲擊我市沿海一帶，望大家夜間盡量不要外出，各家各戶做好防風防水的工作。

Question 82 What television station could have posted this?

A. Weather channel
B. Cartoon channel
C. Sports channel
D. Soap opera channel

Question 83 When was this posted?

A. 13rd
B. 14th
C. 15th
D. 16th

今年暑假，我和家人去台北观光。这是我们第一次去台湾旅行，我们参观了许多有名的风景区，品尝了许多小吃，购买了许多台湾特产，玩儿得十分开心。

今年暑假，我和家人去台北觀光。這是我們第一次去台灣旅行，我們參觀了許多有名的風景區，品嚐了許多小吃，購買了許多台灣特產，玩兒得十分開心。

Question 84 Where did the writer go?

A. Beijing
B. Taiwan
C. New York
D. Hong Kong

Question 85 Who did the writer go with?

A. Friends
B. Family
C. Classmates
D. Colleagues

SAT II Chinese Simulated Test Six
Section I: Listening Comprehension

PART A

Directions: In this section you will hear short questions, statements or exchanges in Mandarin Chinese followed by three responses designated (A), (B), and (C). You will hear both the selections and responses only once and they are not printed in your test booklet. Therefore, you must listen very carefully. Choose the best response to the selection given and fill in the corresponding oval on your answer sheet.

Question 1 (A) (B) (C)

Question 2 (A) (B) (C)

Question 3 (A) (B) (C)

Question 4 (A) (B) (C)

Question 5 (A) (B) (C)

Question 6 (A) (B) (C)

Question 7 (A) (B) (C)

Question 8 (A) (B) (C)

Question 9 (A) (B) (C)

Question 10 (A) (B) (C)

Question 11 (A) (B) (C)

Question 12 (A) (B) (C)

Question 13 (A) (B) (C)

Question 14 (A) (B) (C)

Question 15 (A) (B) (C)

PART B

Directions: In this section you will hear a series of short selections. You will hear them only once and they are not printed in your test booklet. After each selection, you will be asked one or more questions on what you have just heard. These questions are printed in your test booklet and have four possible answer choices. Choose the best response to the selection given and fill in the corresponding oval on your answer sheet. You have 15 seconds to answer each question.

#16-18

Question 16 What group changed its activities?

A. Band
B. Choir
C. Soccer team
D. Science club

Question 17 What is the new time?

A. This evening at 7 pm
B. Tomorrow morning at 7 am
C. Tomorrow evening at 7 pm
D. Two days from now at 7 pm

Question 18 Which is the new schedule?

A. First go to the multipurpose room, and then go to the meeting room.
B. Only go to meeting room.
C. First go to the meeting room, and then go to the multipurpose room.
D. Only go to multipurpose room.

#19-20

Question 19 Who made the call?

A. Dalin's mother
B. Dalin
C. Airport
D. Dalin's friend

Question 20 Where was the call made from?

A. Los Angeles
B. San Francisco
C. Beijing
D. Seattle

#21-22

Question 21 Who is this conversation between?

A. Mrs. Ma and Mr. Liang
B. Mrs. Ma and her niece
C. Mr. Liang and his niece
D. Mr. Ma and Mrs. Liang

Question 22 Which piece of information is incorrect?

A. Mr. Liang did not take a vacation
B. Mrs. Ma's niece just got married
C. Mrs. Ma is taking a walk
D. Mr. Liang's niece just got married

#23-24

Question 23 What group is this announcement for?

A. Basketball team
B. Baseball team
C. Volleyball team
D. Football team

Question 24 If your last name is "Ma," which line will you be in?
A. Line 1
B. Line 2
C. Line 3
D. Line 4

#25-26

Question 25 Who is making the call?
A. Mother
B. Son
C. Father
D. Sister-in-law

Question 26 Which piece of information is incorrect?
A. Dalin is married
B. Dalin has kids
C. Dalin is working late
D. Dalin is going to dinner early

#27-28

Question 27 Who is the conversation between?
A. Principal and teacher
B. Student and student
C. Teacher and student
D. Teacher and teacher

Question 28 Where does the homework need to be turned in?
A. On top of the desk
B. In the black box
C. In the red box next to the desk
D. In the red box under the desk

#29-30

Question 29 When might you hear this message?
A. When the number is out of service.
B. When the line is busy.
C. When you dial a wrong number.
D. When you dial an international number.

Question 30 What does the message tell you to do?
A. Dial later
B. Check the dialed number
C. Contact phone company
D. Insert more coins

SAT II Chinese Simulated Test Six
Section I: Listening Comprehension

PART A

Directions: In this section you will hear short questions, statements or exchanges in Mandarin Chinese followed by three responses designated (A), (B), and (C). You will hear both the selections and responses only once and they are not printed in your test booklet. Therefore, you must listen very carefully. Choose the best response to the selection given and fill in the corresponding oval on your answer sheet.

Question 1
你喜欢中国菜吗？
A，当然了。
B，哪里哪里。
C，你说得对极了。

Question 2
你喜欢看什么电视剧？
A，体育比赛，特别是网球比赛。
B，广告，特别是关于饮料的。
C，言情类的，特别是大团圆结局的。

Question 3
你知道奶奶的眼镜在哪里吗？
A，不知道。
B，奶奶不在那里。
C，奶奶忘戴眼镜了。

Question 4
我想下学期修 AP 历史，可不知道能不能修得上？
A，那你最好考虑一下。
B，那你得问一下学校的相关老师。
C，我觉得你不该修那门外语课。

Question 5
今年夏天可真热。
A，可不是嘛，地球暖化了呗。
B，今年夏天很不错。
C，今年夏天我没有用冷气。

Question 6
天气预报说明天有雨，别忘记带把伞去上学。
A，知道了。
B，昨天下过雨了。
C，好啊，我下午去学校。

Question 7
请问有明天晚上去广州的快车票吗？
A，坐飞机去广州更快。
B，没有了，有明天早上的票。
C，去广州的乘客请在 3 号台上车。

Question 8
今天晚上的球赛怎么样？
A，精彩极了。
B，看球赛的人从这边儿进。
C，球赛的票很贵。

Question 9
你知道中国的首都是哪一座城市吗？
A，上海。
B，香港。
C，北京。

Question 10
今天晚饭你吃的是什么？
A，好吃极了。
B，我和朋友在外面吃的。
C，蛋炒饭。

Question 11

你的中文很不错，今天的中文考试一定考得不错。

A，没有错误。

B，没什么好的。

C，凑乎吧。

Question 12

认识您很高兴。

A，谢谢。

B，不客气。

C，认识您很高兴。

Question 13

妈妈，放学后我想去玛丽家玩儿，您能五点钟去接我吗？

A，他想和妈妈五点去玛丽家。

B，他想让妈妈去玛丽家玩儿。

C，他想让妈妈五点钟去玛丽家接他。

Question 14

你知道麦克去哪里了吗？

A，我知道，麦克没去那里。

B，不知道，我没见到他。

C，知道啊，麦克不在那里。

Question 15

请问，您找谁？

A，不客气。

B，您找我吗？

C，小林在吗？

PART B

Directions: In this section you will hear a series of short selections. You will hear them only once and they are not printed in your test booklet. After each selection, you will be asked one or more questions on what you have just heard. These questions are printed in your test booklet and have four possible answer choices. Choose the best response to the selection given and fill in the corresponding oval on your answer sheet. You have 15 seconds to answer each question.

#16-18
大林，明天乐团的活动改到晚上七点了，地点也换了，先在会议室集合，领取相关的材料，然后去多功能厅排练。明天见！

#19-20
妈妈，我是大林。飞机晚点了，下午两点半才能离开西雅图，到洛杉矶以后，我再打电话给您。

#21-22
马太太，早。遛弯儿呢，好久不见了。
是梁先生啊，我暑假去台湾了，参加我侄女的婚礼。前天刚刚回来。您最近好吗？
马马虎虎吧，我一直在上班，哪儿也没去。

#23-24
参加校篮球队选拔的学生请注意，如果你的姓的第一个字母在 A--K，请到第一队报名，如果你的姓的第一个字母在 L-- S，请到第二队报名，如果你的姓的第一个字母在 T--Z，请到第三队报名。

#25-26
妈妈，我是大林，今天公司加班，我不能过去吃晚饭了。小丽下班后带着孩子去您那儿。我加完班后再过去。

#27-28
张老师，这是我上周的作业。
好的，请放到我桌子旁边那个红色的盒子里。

#29-30
您拨打的用户无法接通，请稍后再拨。

SAT II Chinese Simulated Test Six

Section II: Grammar

Directions: Complete the sentences by choosing one of the four choices. Each question is presented in four different ways: simplified characters, traditional characters, pinyin, and Chinese phonetic alphabet (bo po mo fo). Choose the writing form with which you are most familiar and read only from that column as you work through this section of the test.Bubble in the choice that best completes the sentence.

Question 31

教堂里_______许多台湾来的留学生。

A. 坐在
B. 坐着
C. 坐上
D. 坐下

教堂裡_______許多台灣來的留學生。

A. 坐在
B. 坐著
C. 坐上
D. 坐下

Jiào táng lǐ_______ xǔ duō tái wān lái de liú xué shēng。

A. zuò zài
B. zuò zhe
C. zuò shàng
D. zuò xià

ㄐㄧㄠˋ ㄊㄤˊ ㄌㄧˇ _______ ㄒㄩˇ ㄉㄨㄛ ㄊㄞˊ ㄨㄢ ㄌㄞˊ ˙ㄉㄜ ㄌㄧㄡˊ ㄒㄩㄝˊ ㄕㄥ 。

A. ㄗㄨㄛˋ ㄗㄞˋ
B. ㄗㄨㄛˋ ˙ㄓㄜ
C. ㄗㄨㄛˋ ㄕㄤˋ
D. ㄗㄨㄛˋ ㄒㄧㄚˋ

Question 32

妹妹一听说这件事，就伤心_______哭了。

A. 的
B. 地
C. 得
D. 非常

妹妹一聽說這件事，就傷心_______哭了。

A. 的
B. 地
C. 得
D. 非常

Mèi mèi yī tīng shuō zhè jiàn shì，jiù shāng xīn_______ kū le。

A. de
B. de
C. de
D. fēi cháng

ㄇㄟˋ ㄇㄟˋ ㄧ ㄊㄧㄥ ㄕㄨㄛ ㄓㄜˋ ㄐㄧㄢˋ ㄕˋ ，ㄐㄧㄡˋ ㄕㄤ ㄒㄧㄣ _______ ㄎㄨ ˙ㄌㄜ 。

A. ˙ㄉㄜ
B. ˙ㄉㄜ
C. ㄉㄜˊ
D. ㄈㄟ ㄔㄤˊ

Question 33

北京这几年的气候越来越_______。

A. 常常
B. 反常
C. 平常
D. 经常

北京這幾年的氣候越來越_______。

A．常常
B．反常
C．平常
D．經常

Běi jīng zhè jǐ nián de qì hòu yuè lái yuè_______。

A. cháng cháng
B. fǎn cháng
C. píng cháng
D. jīng cháng

ㄅㄟˇ ㄐㄧㄥ ㄓㄜˋ ㄐㄧˇ ㄋㄧㄢˊ ˙ㄉㄜ ㄑㄧˋ ㄏㄡˋ ㄩㄝˋ ㄌㄞˊ ㄩㄝˋ _______。

A. ㄔㄤˊ ㄔㄤˊ
B. ㄈㄢˇ ㄔㄤˊ
C. ㄆㄧㄥˊ ㄔㄤˊ
D. ㄐㄧㄥ ㄔㄤˊ

Question 34

爸爸：“明天我开会，不能送你上学_______。”
女儿：“那我坐公车去上学吧。”

A. 吧
B. 吗
C. 么
D. 了

爸爸：“明天我開會，不能送你上學_______。”
女兒：“那我坐公車去上學吧。”

A. 吧
B. 嗎
C. 麼
D. 了

Bà ba：“míng tiān wǒ kāi huì，bù néng sòng nǐ shàng xué_______。”
Nǚ ér：“nà wǒ zuò gōng chē qù shàng xué ba。”

A. ba
B. ma
C. mo
D. le

ㄅㄚˋ ㄅㄚˋ：“ㄇㄧㄥˊ ㄊㄧㄢ ㄨㄛˇ ㄎㄞ ㄏㄨㄟˋ，ㄅㄨˋ ㄋㄥˊ ㄙㄨㄥˋ ㄋㄧˇ ㄕㄤˋ ㄒㄩㄝˊ _______。”
ㄋㄩˇ ㄦˊ：“ㄋㄚˇ ㄨㄛˇ ㄗㄨㄛˋ ㄍㄨㄥ ㄔㄜ ㄑㄩˋ ㄕㄤˋ ㄒㄩㄝˊ ˙ㄅㄚ。”

A. ˙ㄅㄚ
B. ˙ㄇㄚ
C. ㄧㄠ
D. ˙ㄌㄜ

Question 35

这台电脑太贵了，我根本_______。

A. 买不起
B. 买得起
C. 买起了
D. 买的起

這台電腦太貴了，我根本_______。

A. 買不起
B. 買得起
C. 買起了
D. 買的起

Zhè tái diàn nǎo tài guì le，wǒ gēn běn_______。

A. mǎi bù qǐ
B. mǎi de qǐ
C. mǎi qǐ le
D. mǎi de qǐ

ㄓㄜˋ ㄊㄞˊ ㄉㄧㄢˋ ㄋㄠˇ ㄊㄞˋ ㄍㄨㄟˋ ˙ㄌㄜ，ㄨㄛˇ ㄍㄣ ㄅㄣˇ _______。

A. ㄇㄞˇ ㄅㄨˊ ㄑㄧˇ
B. ㄇㄞˇ ㄉㄜˊ ㄑㄧˇ
C. ㄇㄞˇ ㄑㄧˇ ˙ㄌㄜ
D. ㄇㄞˇ ˙ㄉㄜ ㄑㄧˇ

Question 36

我很喜欢那_______西装的颜色。

A. 条
B. 套
C. 副
D. 双

我很喜歡那_______西裝的顏色。

A. 條
B. 套
C. 副
D. 雙

Wǒ hěn xǐ huān nà_______ xī zhuāng de yán sè。

A. tiáo
B. tào
C. fù
D. shuāng

ㄨㄛˇ ㄏㄣˇ ㄒㄧˇ ㄏㄨㄢ ㄋㄚˋ _______ ㄒㄧ ㄓㄨㄤ ˙ㄉㄜ ㄧㄢˊ ㄙㄜˋ 。

A. ㄊㄧㄠˊ
B. ㄊㄠˋ
C. ㄈㄨˋ
D. ㄕㄨㄤ

Question 37

这套邮票共有四_______，十分美丽。

A. 把
B. 篇
C. 枚
D. 份

這套郵票共有四_______，十分美麗。

A. 把
B. 篇
C. 枚
D. 份

Zhè tào yóu piào gòng yǒu sì_______， shí fēn měi lì。

A. bǎ
B. piān
C. méi
D. fèn

ㄓㄜˋ ㄊㄠˋ ㄧㄡˊ ㄆㄧㄠˋ ㄍㄨㄥˋ ㄧㄡˇ ㄙˋ _______， ㄈㄣ ㄇㄟˇ ㄌㄧˋ 。

A. ㄅㄚˇ
B. ㄆㄧㄢ
C. ㄇㄟˊ
D. ㄈㄣˋ

Question 38

这_______房子是朝南的。

A. 辆
B. 趟
C. 位
D. 座

這_______房子是朝南的。

A. 輛
B. 趟
C. 位
D. 座

Zhè_______ fángzi shì cháo nán de。

A. liàng
B. tàng
C. wèi
D. zuò

ㄓㄜˋ _______ ㄈㄤˊ ˙ㄗ ㄕˋ ㄓㄠ ㄋㄢˊ ˙ㄉㄜ 。

A. ㄌㄧㄤˋ
B. ㄊㄤˋ
C. ㄨㄟˋ
D. ㄗㄨㄛˋ

Question 39

这_______大马路又宽又直。
- A. 场
- B. 条
- C. 匹
- D. 座

這_______大馬路又寬又直。
- A. 場
- B. 條
- C. 匹
- D. 座

Zhè_______ dà mǎ lù yòu kuān yòu zhí。
- A. cháng
- B. tiáo
- C. pǐ
- D. zuò

ㄓㄜˋ _______ ㄉㄚˋ ㄇㄚˇ ㄌㄨˋ ㄧㄡˋ ㄎㄨㄢ ㄧㄡˋ ㄓˊ 。
- A. ㄔㄤˊ
- B. ㄊㄧㄠˊ
- C. ㄆㄧ
- D. ㄗㄨㄛˋ

Question 40

你_______喝茶_______喝咖啡？
- A. 要么，要么
- B. 因为，所以
- C. 是，还是
- D. 或者，或者

你_______喝茶_______喝咖啡？
- A. 要麼，要麼
- B. 因為，所以
- C. 是，還是
- D. 或者，或者

Nǐ_______ hē chá_______ hē kā fēi？
- A. yào mo，yào mo
- B. yīn wéi，suǒ yǐ
- C. shì，hái shì
- D. huò zhě，huò zhě

ㄋㄧˇ _______ ㄏㄜ ㄔㄚˊ _______ ㄏㄜ ㄎㄚ ㄈㄟ ？
- A. ㄧㄠˋ ㄧㄠ ，ㄧㄠˋ ㄧㄠ
- B. ㄧㄣ ㄨㄟˊ ，ㄙㄨㄛˇ ㄧˇ
- C. ㄕˋ ，ㄏㄞˊ ㄕˋ
- D. ㄏㄨㄛˋ ㄓㄜˇ ，ㄏㄨㄛˋ ㄓㄜˇ

Question 41

他喜欢_______做作业_______玩游戏。
- A. 是，还是
- B. 又，即
- C. 也，也
- D. 一边，一边

他喜歡_______做作業_______玩遊戲。
- A. 是，還是
- B. 又，即
- C. 也，也
- D. 一邊，一邊

Tā xǐ huān_______ zuò zuò yè_______ wán yóu xì。
- A. shì，hái shì
- B. yòu，jí
- C. yě，yě
- D. yī biān，yī biān

ㄊㄚ ㄒㄧˇ ㄏㄨㄢ _______ ㄗㄨㄛˋ ㄗㄨㄛˋ ㄧㄝˋ _______ ㄨㄢˊ ㄧㄡˊ ㄒㄧˋ 。
- A. ㄕˋ ，ㄏㄞˊ ㄕˋ
- B. ㄧㄡˋ ，ㄐㄧˊ
- C. ㄧㄝˇ ，ㄧㄝˇ
- D. ㄧ ㄅㄧㄢ ，ㄧ ㄅㄧㄢ

Question 42

姐姐_______有时间，_______和她男朋友网上聊天。

A. 只有，才
B. 只要，就
C. 无论，都
D. 不论，都

姐姐_______有時間，_______和她男朋友網上聊天。

A. 只有，才
B. 只要，就
C. 無論，都
D. 不論，都

Jiě jie_______yǒu shí jiān，_______hé tā nán péng yǒu wǎng shàng liáo tiān。

A. zhī yǒu，cái
B. zhī yào，jiù
C. wú lùn，dōu
D. bù lùn，dōu

ㄐㄧㄝˇ ㄐㄧㄝˇ _______ㄧㄡˇ ㄕˊ ㄐㄧㄢ，_______ㄏㄜˊ ㄊㄚ ㄋㄢˊ ㄆㄥˊ ㄧㄡˇ ㄨㄤˇ ㄕㄤˋ ㄌㄧㄠˊ ㄊㄧㄢ。

A. ㄓˇ ㄧㄡˇ，ㄘㄞˊ
B. ㄓˇ ㄧㄠˋ，ㄐㄧㄡˋ
C. ㄨˊ ㄌㄨㄣˋ，ㄉㄡ
D. ㄅㄨˊ ㄌㄨㄣˋ，ㄉㄡ

Question 43

大家好，我来_______我自己。

A. 介绍介绍
B. 介介绍绍
C. 一下介绍
D. 介一下绍

大家好，我來_______我自己。

A. 介紹介紹
B. 介介紹紹
C. 一下介紹
D. 介一下紹

Dà jiā hǎo，wǒ lái_______wǒ zì jǐ。

A. jiè shào jiè shào
B. jiè jiè shào shào
C. yī xià jiè shào
D. jiè yī xià shào

ㄉㄚˋ ㄐㄧㄚ ㄏㄠˇ，ㄨㄛˇ ㄌㄞˊ _______ㄨㄛˇ ㄗˋ ㄐㄧˇ。

A. ㄐㄧㄝˋ ㄕㄠˋ ㄐㄧㄝˋ ㄕㄠˋ
B. ㄐㄧㄝˋ ㄐㄧㄝˋ ㄕㄠˋ ㄕㄠˋ
C. ㄧ ㄒㄧㄚˋ ㄐㄧㄝˋ ㄕㄠˋ
D. ㄐㄧㄝˋ ㄧ ㄒㄧㄚˋ ㄕㄠˋ

Question 44

你_______这么生气呢？

A. 未必
B. 何必
C. 不必
D. 可能

你_______這麼生气呢？

A. 未必
B. 何必
C. 不必
D. 可能

Nǐ_______zhè mo shēng qì ne？

A. wèi bì
B. hé bì
C. bú bì
D. kě néng

ㄋㄧˇ _______ㄓㄜˋ ㄧㄠ ㄕㄥ ㄑㄧˋ ㄋㄜ？

A. ㄨㄟˋ ㄅㄧˋ
B. ㄏㄜˊ ㄅㄧˋ
C. ㄅㄨˊ ㄅㄧˋ
D. ㄎㄜˇ ㄋㄥˊ

Question 45

吴大山的篮球打得_______不错。

A. 真
B. 太
C. 可
D. 能

吳大山的籃球打得_______不錯。

A. 真
B. 太
C. 可
D. 能

Wú dà shān de lán qiú dǎ de_______ bú cuò。

A. zhēn
B. tài
C. kě
D. néng

ㄨˊ ㄉㄚˋ ㄕㄢ ˙ㄉㄜ ㄌㄢˊ ㄑㄧㄡˊ ㄉㄚˇ ˙ㄉㄜ _______ ㄅㄨˊ ㄘㄨㄛˋ 。

A. ㄓㄣ
B. ㄊㄞˋ
C. ㄎㄜˇ
D. ㄋㄥˊ

Question 46

北京王府井大街的人 _______多了！

A. 极
B. 可
C. 好
D. 很

北京王府井大街的人 _______多了！

A. 極
B. 可
C. 好
D. 很

Běi jīng wáng fǔ jǐng dà jiē de rén _______ duō le！

A. jí
B. kě
C. hǎo
D. hěn

ㄅㄟˇ ㄐㄧㄥ ㄨㄤˊ ㄈㄨˇ ㄐㄧㄥˇ ㄉㄚˋ ㄐㄧㄝ ˙ㄉㄜ ㄖㄣˊ _______ ㄉㄨㄛ ˙ㄌㄜ ！

A. ㄐㄧˊ
B. ㄎㄜˇ
C. ㄏㄠˇ
D. ㄏㄣˇ

Question 47

英文课的作业很多，我_______要花两个小时才能做完。

A. 许多
B. 不少
C. 至少
D. 最多

英文課的作業很多，我_______要花兩個小時才能做完。

A. 許多
B. 不少
C. 至少
D. 最多

Yīng wén kè de zuò yè hěn duō，wǒ_______ yào huā liǎng gè xiǎo shí cái néng zuò wán。

A. xǔ duō
B. bù shǎo
C. zhì shǎo
D. zuì duō

ㄧㄥ ㄨㄣˊ ㄎㄜˋ ˙ㄉㄜ ㄗㄨㄛˋ ㄧㄝˋ ㄏㄣˇ ㄉㄨㄛ ，ㄨㄛˇ _______ ㄧㄠˋ ㄏㄨㄚ ㄌㄧㄤˇ ˙ㄍㄜ ㄒㄧㄠˇ ㄕˊ ㄘㄞˊ ㄋㄥˊ ㄗㄨㄛˋ ㄨㄢˊ 。

A. ㄒㄩˇ ㄉㄨㄛ
B. ㄅㄨˊ ㄕㄠˇ
C. ㄓˋ ㄕㄠˇ
D. ㄗㄨㄟˋ ㄉㄨㄛ

Question 48

我弟弟_______他妹妹一样大，都是九岁。

A. 比
B. 向
C. 跟
D. 相

我弟弟_______他妹妹一樣大，都是九歲。

A. 比
B. 向
C. 跟
D. 相

Wǒ dì di_______ tā mèi mei yī yàng dà，dōu shì jiǔ suì。

A. bǐ
B. xiàng
C. gēn
D. xiāng

ㄨㄛˇ ㄉㄧˋ ㄉㄧˋ _______ ㄊㄚ ㄇㄟˋ ㄇㄟˋ ㄧ ㄧㄤˋ ㄉㄚˋ，ㄉㄡ ㄕˋ ㄐㄧㄡˇ ㄙㄨㄟˋ 。

A. ㄅㄧˇ
B. ㄒㄧㄤˋ
C. ㄍㄣ
D. ㄒㄧㄤ

Question 49

他_______社区图书馆的书全读遍了。

A. 被
B. 有
C. 把
D. 就

他_______社區圖書館的書全讀遍了。

A. 被
B. 有
C. 把
D. 就

Tā_______ shè qū tú shū guǎn de shū quán dú biàn le。

A. bèi
B. yǒu
C. bǎ
D. jiù

ㄊㄚ _______ ㄕㄜˋ ㄑㄩ ㄊㄨˊ ㄕㄨ ㄍㄨㄢˇ ˙ㄉㄜ ㄕㄨ ㄑㄩㄢˊ ㄉㄨˊ ㄅㄧㄢˋ ˙ㄌㄜ 。

A. ㄅㄟˋ
B. ㄧㄡˇ
C. ㄅㄚˇ
D. ㄐㄧㄡˋ

Question 50

这家餐馆儿的炒面不_______好吃。

A. 太
B. 真
C. 那
D. 这

這家餐館兒的炒麵不_______好吃。

A. 太
B. 真
C. 那
D. 這

Zhè jiā cān guǎnr de chǎo miàn bù_______ hǎo chī。

A. tài
B. zhēn
C. nà
D. zhè

ㄓㄜˋ ㄐㄧㄚ ㄘㄢ ㄍㄨㄢˇ ㄖㄣˊ ˙ㄉㄜ ㄔㄠˇ ㄇㄧㄢˋ ㄅㄨˋ _______ ㄏㄠˇ ㄔ 。

A. ㄊㄞˋ
B. ㄓㄣ
C. ㄋㄚˇ
D. ㄓㄜˋ

Question 51

商店关门了，我_______有买到我需要的东西。

A. 不
B. 可
C. 能
D. 没

商店關門了，我_______有買到我需要的東西。

A. 不
B. 可
C. 能
D. 沒

Shāng diàn guān mén le，wǒ_______ yǒu mǎi dào wǒ xū yào de dōng xī。

A. bù
B. kě
C. néng
D. méi

ㄕㄤ ㄉㄧㄢˋ ㄍㄨㄢ ㄇㄣˊ ㄌㄜ˙，ㄨㄛˇ _______ㄧㄡˇ ㄇㄞˇ ㄉㄠˋ ㄨㄛˇ ㄒㄩ ㄧㄠˋ ㄉㄜ˙ ㄉㄨㄥ ㄒㄧ 。

A. ㄅㄨˋ
B. ㄎㄜˇ
C. ㄋㄥˊ
D. ㄇㄟˊ

Question 52

他昨天打球的时候，不小心受了_______轻伤。

A. 一点儿
B. 有点儿
C. 一些
D. 有些

他昨天打球的時候，不小心受了_______輕傷。

A. 一點兒
B. 有點兒
C. 一些
D. 有些

Tā zuó tiān dǎ qiú de shí hòu，bù xiǎo xīn shòu le_______ qīng shāng。

A. yī diǎnr
B. yǒu diǎnr
C. yī xiē
D. yǒu xiē

ㄊㄚ ㄗㄨㄛˊ ㄊㄧㄢ ㄉㄚˇ ㄑㄧㄡˊ ㄉㄜ˙ ㄕˊ ㄏㄡˋ ，ㄅㄨˋ ㄒㄧㄠˇ ㄒㄧㄣ ㄕㄡˋ ㄌㄜ˙ _______ㄑㄧㄥ ㄕㄤ 。

A. ㄧ ㄉㄧㄢˇ ㄖㄣˊ
B. ㄧㄡˇ ㄉㄧㄢˇ ㄖㄣˊ
C. ㄧ ㄒㄧㄝ
D. ㄧㄡˇ ㄒㄧㄝ

Question 53

这么简单的事儿，你 _______不知道。

A. 不会
B. 不只
C. 不如
D. 不但

這麼簡單的事兒，你 _______不知道。

A. 不會
B. 不只
C. 不如
D. 不但

Zhè mo jiǎn dān de shìr，nǐ _______ bù zhī dào。

A. bù huì
B. bù zhī
C. bù rú
D. bú dàn

ㄓㄜˋ ㄧㄠ ㄐㄧㄢˇ ㄉㄢ ㄉㄜ˙ ㄕˋ ㄖㄣˊ，ㄋㄧˇ _______ㄅㄨˊ ㄓ ㄉㄠˋ 。

A. ㄅㄨˊ ㄏㄨㄟˋ
B. ㄅㄨˊ ㄓˇ
C. ㄅㄨˊ ㄖㄨˊ
D. ㄅㄨˊ ㄉㄢˋ

Question 54

他看了一眼，_______明白了。
- A. 已
- B. 才
- C. 就
- D. 也

他看了一眼，______明白了。
- A. 已
- B. 才
- C. 就
- D. 也

Tā kàn le yī yǎn，_______ míng bái le。
- A. yǐ
- B. cái
- C. jiù
- D. yě

ㄊㄚ ㄎㄢˋ ˙ㄌㄜ ㄧ ㄧㄢˇ，______ㄇㄧㄥˊ ㄅㄞˊ ˙ㄌㄜ。
- A. ㄧˇ
- B. ㄘㄞˊ
- C. ㄐㄧㄡˋ
- D. ㄧㄝˇ

Question 55

这个学期，我修了物理，化学，统计学和英文，一共四_______课。
- A. 种
- B. 个
- C. 们
- D. 门

這個學期，我修了物理，化學，統計學和英文，一共四_______課。
- A. 種
- B. 個
- C. 們
- D. 門

Zhè gè xué qī，wǒ xiū le wù lǐ，huà xué，tǒng jì xué hé yīng wén，yī gòng sì_______ kè。
- A. zhòng
- B. gè
- C. men
- D. mén

ㄓㄜˋ ˙ㄍㄜ ㄒㄩㄝˊ ㄑㄧˊ，ㄨㄛˇ ㄒㄧㄡ ˙ㄌㄜ ㄨˋ ㄌㄧˇ，ㄏㄨㄚˋ ㄒㄩㄝˊ，ㄊㄨㄥˇ ㄐㄧˋ ㄒㄩㄝˊ ㄏㄜˊ ㄧㄥ ㄨㄣˊ，ㄧ ㄍㄨㄥˋ ㄙˋ_______ㄎㄜˋ。
- A. ㄔㄨㄥˊ
- B. ˙ㄍㄜ
- C. ˙ㄇㄣ
- D. ㄇㄣˊ

SAT II Chinese Simulated Test Six

Section III: Reading Comprehension

Directions: Read the following selections carefully. Answer the questions corresponding to each selection by selecting one of the four choices. Bubble in the best answer on the answer sheet. Each selection is presented in both traditional and simplified Chinese; you may use either to answer the questions.

老李：

今天晚上小张来电话，说是下周日请我们去吃晚饭。你上次给她帮了个大忙，他们家一直想谢谢你。我今晚加班，回来晚一些。你抽空给她回个话。

丽莎

老李：

今天晚上小張來電話，說是下周日請我們去吃晚飯。你上次給她幫了個大忙，他們家一直想謝謝你。我今晚加班，回來晚一些。你抽空給她回個話。

麗莎

Question 56 Who is working overtime this evening?

A. Xiao Zhang
B. Lao Li
C. Lisa
D. Xiao Zhang and her friend

Question 57 When is Xiao Zhang planning to take Lao Li and Lisa out to dinner?

A. Next Sunday
B. Tonight
C. Next Saturday
D. Tomorrow night

Question 58 Why is Xiao Zhang planning to take Lao Li and Lisa out to dinner?

A. Xiao Zhang wants to build a good relationship with them
B. Xiao Zhang has not seen Lao Li and Lisa for a long time
C. Lisa did a big favor for Xiao Zhang
D. Lao Li did a big favor for Xiao Zhang

老幼孕残专座

老幼孕殘專座

Question 59 According to the above sign, who are the seats not reserved for?

A. Elderly
B. Handicapped
C. Children
D. Policemen

人行道

人行道

Question 60 According to this sign, who can use this road?

A. Trucks
B. Pedestrians
C. Taxis
D. School buses

林医生牙医诊所
星期一至星期五
上午八点至晚上五点
星期六
上午十点至下午四点

林醫生牙醫診所
星期一至星期五
上午八點至晚上五點
星期六
上午十點至下午四點

Question 61 Where would you encounter this sign?

A. Pediatrician's office
B. Dentist's office
C. Dermatologist's office
D. Emergency room

Question 62 What time does it close on Thursday?

A. 4:00 pm
B. 10:00 pm
C. 8:00 pm
D. 5:00 pm

Question 63 When does this sign apply?

A. Today only
B. This week only
C. This month only
D. This season only

Question 64 According to the sign, what happens during this time?

A. Free shipping
B. Sale
C. Free gift with purchase
D. Free samples

Question 65 What does 限量 mean?

A. Unlimited quantity
B. Limited quantity
C. In stock
D. Not in stock

请在此排队

請在此排隊

Question 66 What does this sign mean?

A. Pay here
B. Line starts here
C. Pick up here
D. Information desk

有电危险

有電危險

Question 67 What does this sign mean?

A. Fire hazard
B. Electronics sold here
C. Beware of the dog
D. Shock hazard

电厂通知

因华生电厂急需维修，四街五街及京海路的居民明天下午三点至六点停电。

電廠通知

因華生電廠急需維修，四街五街及京海路的居民明天下午三點至六點停電。

Question 68 Who could have posted this?

A. Electric company
B. Police Department
C. Community center
D. Gas company

Question 69 Which road will not be affected?

A. Fourth Street
B. Fifth Street
C. Jinghai Street
D. Third Street

一日三次，每次两片，饭后温水服下。忌食辛辣食物。

一日三次，每次兩片，飯後溫水服下。忌食辛辣食物。

Question 70 Where would you see this notice?

A. Restaurant menu
B. Recipe
C. Medicine bottle
D. Nutrition facts

Question 71 What cannot be eaten with this?

A. Spicy foods
B. Sour foods
C. Salty foods
D. Sweet foods

维护公园环境，请勿践踏草地

維護公園環境，請勿踐踏草地

Question 72 Where would you encounter this sign?

A. School classroom
B. Park
C. Bus
D. Airplane

购票处

購票處

Question 73 Where would you encounter this sign?

A. Open house
B. Landfill
C. Restaurant
D. Ticket booth

大华果园
为感谢大家多年的支持，诚邀各位听众本周四来果园免费采摘草莓，樱桃。

大華果園
為感謝大家多年的支持，誠邀各位聽眾本周四來果園免費採摘草莓，櫻桃。

Question 74 Why is the audience invited to go fruit picking?
A. Grand opening
B. Anniversary
C. To thank the audience for their support
D. Going out of business

Question 75 How much does the audience have to pay?
A. Buy strawberries, get free cherries
B. Buy cherries, get free strawberries
C. Admission fee only, no addition charge
D. No charge

怎样煮食中草药
将中草药放入干净砂锅中，
加三杯凉水，大火煮沸，改中火
慢煮，三刻钟起锅。将药汁倒入
杯中，稍凉饮用。

怎樣煮食中草藥
將中草藥放入乾淨砂鍋中，
加三杯涼水，大火煮沸，改中火
慢煮，三刻鍾起鍋。將藥汁倒入
杯中，稍涼飲用。

Question 76 What do these directions tell you to make?
A. Dumplings
B. Herbal medicine
C. Chicken soup
D. Pie

Question 77 How long should it be cooked?
A. 15 minutes
B. 45 minutes
C. 30 minutes
D. 1 hour

公共场合请勿吸烟

公共場合請勿吸煙

Question 78 What does this sign mean?
A. No food and drink
B. No running
C. No smoking
D. No videotaping

英语读写季刊

英語讀寫季刊

Question 79 How many issues are there every year?

A. One
B. Two
C. Three
D. Four

中华半月游
西安，北京，杭州等地
探幽访古，品尝美食
华美公司与您同行

中華半月遊
西安，北京，杭州等地
探幽訪古，品嚐美食
華美公司與您同行

Question 80 Who posted this?

A. Zhonghua Company
B. Huamei Company
C. Xian Company
D. Hangzhou Company

Question 81 Which city will not be visited?

A. Xian
B. Beijing
C. Hangzhou
D. Shanghai

美国小姐将于 12 日在华大酒店举办筹款晚餐会，为非洲眼疾病儿童筹措善款，晚餐费用为每位 150 美元，敬请各界支持，欢迎大家光临。

美國小姐將於 12 日在華大酒店舉辦籌款晚餐會，為非洲眼疾病兒童籌措善款，晚餐費用為每位 150 美元，敬請各界支持，歡迎大家光臨。

Question 82 Who is the charity dinner benefiting?

A. Miss America
B. American children
C. African children
D. Chinese children

Question 83 How much should guests pay?

A. $12
B. $28
C. $150
D. $50

我们家离我的学校很远，是我们区内离学校最远的住户了。早上七点钟，妈妈开车送我去上学。下午放学后，我和同学一起坐公交车回家。然后，我们骑自行车去公园打篮球。	我們家離我的學校很遠，是我們區內離學校最遠的住戶了。早上七點鍾，媽媽開車送我去上學。下午放學後，我和同學一起坐公交車回家。然後，我們騎自行車去公園打籃球。

Question 84 How does the writer get to school in the morning?

A. Taking the bus
B. Walking
C. Mom drops off
D. Riding the bike

Question 85 How does the writer get home from school?

A. Taking the bus
B. Walking
C. Mom picks up
D. Riding the bike

SAT II Chinese Simulated Test One
Answer Key

LISTENING				
1	**A**	B	C	D
2	**A**	B	C	D
3	A	**B**	C	D
4	A	**B**	C	D
5	A	**B**	C	D
6	A	**B**	C	D
7	A	B	**C**	D
8	A	**B**	C	D
9	A	**B**	C	D
10	A	**B**	C	D
11	A	**B**	C	D
12	A	B	**C**	D
13	A	**B**	C	D
14	A	B	**C**	D
15	A	**B**	C	D
16	A	**B**	C	D
17	A	B	**C**	D
18	**A**	B	C	D
19	A	**B**	C	D
20	**A**	B	C	D
21	A	**B**	C	D
22	A	**B**	C	D
23	A	B	**C**	D
24	A	**B**	C	D
25	A	B	C	**D**
26	A	**B**	C	D
27	A	**B**	C	D
28	A	B	**C**	D
29	A	**B**	C	D
30	**A**	B	C	D

GRAMMAR				
31	A	**B**	C	D
32	**A**	B	C	D
33	A	B	**C**	D
34	A	**B**	C	D
35	A	**B**	C	D
36	A	B	C	**D**
37	A	**B**	C	D
38	A	**B**	C	D
39	A	**B**	C	D
40	**A**	B	C	D
41	A	B	C	**D**
42	A	B	**C**	D
43	**A**	B	C	D
44	A	**B**	C	D
45	**A**	B	C	D
46	A	**B**	C	D
47	**A**	B	C	D
48	**A**	B	C	D
49	**A**	B	C	D
50	A	B	**C**	D
51	A	B	**C**	D
52	A	B	**C**	D
53	**A**	B	C	D
54	A	**B**	C	D
55	**A**	B	C	D

READING				
56	**A**	B	C	D
57	A	**B**	C	D
58	A	**B**	C	D
59	A	**B**	C	D
60	A	B	**C**	D
61	A	B	C	**D**
62	A	B	**C**	D
63	**A**	B	C	D
64	**A**	B	C	D
65	A	B	**C**	D
66	A	B	**C**	D
67	**A**	B	C	D
68	A	B	**C**	D
69	**A**	B	C	D
70	A	**B**	C	D
71	A	B	C	**D**
72	**A**	B	C	D
73	A	**B**	C	D
74	A	B	**C**	D
75	A	**B**	C	D
76	A	**B**	C	D
77	A	**B**	C	D
78	A	B	C	**D**
79	A	B	**C**	D
80	A	**B**	C	D
81	**A**	B	C	D
82	A	**B**	C	D
83	A	B	**C**	D
84	**A**	B	C	D
85	**A**	B	C	D

SAT II Chinese Simulated Test Two

Answer Key

LISTENING				
1	**A**	B	C	D
2	A	B	**C**	D
3	**A**	B	C	D
4	A	**B**	C	D
5	**A**	B	C	D
6	**A**	B	C	D
7	**A**	B	C	D
8	A	B	**C**	D
9	**A**	B	C	D
10	A	B	**C**	D
11	A	**B**	C	D
12	A	**B**	C	D
13	**A**	B	C	D
14	A	B	**C**	D
15	**A**	B	C	D
16	A	B	**C**	D
17	**A**	B	C	D
18	A	**B**	C	D
19	A	B	**C**	D
20	**A**	B	C	D
21	A	**B**	C	D
22	**A**	B	C	D
23	**A**	B	C	D
24	A	B	C	**D**
25	**A**	B	C	D
26	A	**B**	C	D
27	**A**	B	C	D
28	A	**B**	C	D
29	**A**	B	C	D
30	A	**B**	C	D

GRAMMAR				
31	A	**B**	C	D
32	A	B	**C**	D
33	A	B	**C**	D
34	A	**B**	C	D
35	A	B	**C**	D
36	A	B	**C**	D
37	A	B	**C**	D
38	A	B	**C**	D
39	**A**	B	C	D
40	**A**	B	C	D
41	**A**	B	C	D
42	**A**	B	C	D
43	A	**B**	C	D
44	A	**B**	C	D
45	A	**B**	C	D
46	A	**B**	C	D
47	**A**	B	C	D
48	**A**	B	C	D
49	A	**B**	C	D
50	A	**B**	C	D
51	A	**B**	C	D
52	A	B	**C**	D
53	A	**B**	C	D
54	A	B	**C**	D
55	**A**	B	C	D

READING				
56	A	**B**	C	D
57	A	B	**C**	D
58	A	**B**	C	D
59	**A**	B	C	D
60	A	**B**	C	D
61	A	**B**	C	D
62	A	B	C	**D**
63	**A**	B	C	D
64	**A**	B	C	D
65	A	**B**	C	D
66	A	**B**	C	D
67	A	B	C	**D**
68	A	B	**C**	D
69	A	**B**	C	D
70	A	B	C	**D**
71	A	B	**C**	D
72	A	**B**	C	D
73	A	B	**C**	D
74	**A**	B	C	D
75	A	B	C	**D**
76	**A**	B	C	D
77	A	B	**C**	D
78	**A**	B	C	D
79	**A**	B	C	D
80	A	B	**C**	D
81	A	B	**C**	D
82	A	B	**C**	D
83	A	**B**	C	D
84	A	B	C	**D**
85	**A**	B	C	D

SAT II Chinese Simulated Test Three

Answer Key

LISTENING				
1	**A**	B	C	D
2	A	**B**	C	D
3	**A**	B	C	D
4	**A**	B	C	D
5	**A**	B	C	D
6	A	B	**C**	D
7	A	B	**C**	D
8	**A**	B	C	D
9	**A**	B	C	D
10	**A**	B	C	D
11	A	B	**C**	D
12	A	**B**	C	D
13	A	**B**	C	D
14	A	**B**	C	D
15	A	**B**	C	D
16	A	B	**C**	D
17	**A**	B	C	D
18	A	**B**	C	D
19	**A**	B	C	D
20	A	B	**C**	D
21	A	B	C	**D**
22	**A**	B	C	D
23	A	B	C	**D**
24	**A**	B	C	D
25	**A**	B	C	D
26	A	**B**	C	D
27	**A**	B	C	D
28	A	B	**C**	D
29	**A**	B	C	D
30	**A**	B	C	D

GRAMMAR				
31	A	**B**	C	D
32	**A**	B	C	D
33	A	**B**	C	D
34	A	**B**	C	D
35	A	**B**	C	D
36	**A**	B	C	D
37	A	B	C	**D**
38	A	**B**	C	D
39	**A**	B	C	D
40	A	**B**	C	D
41	**A**	B	C	D
42	A	**B**	C	D
43	**A**	B	C	D
44	A	**B**	C	D
45	**A**	B	C	D
46	**A**	B	C	D
47	A	B	C	**D**
48	**A**	B	C	D
49	A	B	**C**	D
50	A	**B**	C	D
51	A	**B**	C	D
52	A	B	**C**	D
53	A	B	C	**D**
54	**A**	B	C	D
55	A	**B**	C	D

READING				
56	**A**	B	C	D
57	A	**B**	C	D
58	A	B	**C**	D
59	A	**B**	C	D
60	A	**B**	C	D
61	A	**B**	C	D
62	**A**	B	C	D
63	**A**	B	C	D
64	A	**B**	C	D
65	A	**B**	C	D
66	A	B	C	**D**
67	A	**B**	C	D
68	**A**	B	C	D
69	A	**B**	C	D
70	A	**B**	C	D
71	A	B	C	**D**
72	**A**	B	C	D
73	**A**	B	C	D
74	A	**B**	C	D
75	A	**B**	C	D
76	**A**	B	C	D
77	**A**	B	C	D
78	**A**	B	C	D
79	**A**	B	C	D
80	**A**	B	C	D
81	A	B	C	**D**
82	A	**B**	C	D
83	A	**B**	C	D
84	A	B	C	**D**
85	A	B	**C**	D

SAT II Chinese Simulated Test Four

Answer Key

LISTENING				
1	**A**	B	C	D
2	**A**	B	C	D
3	A	**B**	C	D
4	A	**B**	C	D
5	**A**	B	C	D
6	A	B	**C**	D
7	A	**B**	C	D
8	A	**B**	C	D
9	**A**	B	C	D
10	**A**	B	C	D
11	A	**B**	C	D
12	A	B	**C**	D
13	A	B	**C**	D
14	A	**B**	C	D
15	**A**	B	C	D
16	**A**	B	C	D
17	A	**B**	C	D
18	**A**	B	C	D
19	**A**	B	C	D
20	**A**	B	C	D
21	A	**B**	C	D
22	A	B	**C**	D
23	A	**B**	C	D
24	**A**	B	C	D
25	**A**	B	C	D
26	**A**	B	C	D
27	**A**	B	C	D
28	**A**	B	C	D
29	**A**	B	C	D
30	A	**B**	C	D

GRAMMAR				
31	A	**B**	C	D
32	A	**B**	C	D
33	A	**B**	C	D
34	A	B	C	**D**
35	**A**	B	C	D
36	A	B	C	**D**
37	A	B	**C**	D
38	**A**	B	C	D
39	A	**B**	C	D
40	A	B	**C**	D
41	A	B	**C**	D
42	**A**	B	C	D
43	**A**	B	C	D
44	A	**B**	C	D
45	**A**	B	C	D
46	**A**	B	C	D
47	**A**	B	C	D
48	A	B	C	**D**
49	**A**	B	C	D
50	A	**B**	C	D
51	A	B	C	**D**
52	A	B	C	**D**
53	A	B	**C**	D
54	A	**B**	C	D
55	A	**B**	C	D

READING				
56	A	**B**	C	D
57	A	B	**C**	D
58	A	B	**C**	D
59	A	**B**	C	D
60	A	B	C	**D**
61	A	B	C	**D**
62	A	B	**C**	D
63	**A**	B	C	D
64	A	B	C	**D**
65	**A**	B	C	D
66	**A**	B	C	D
67	**A**	B	C	D
68	**A**	B	C	D
69	A	B	C	**D**
70	**A**	B	C	D
71	A	**B**	C	D
72	A	B	C	**D**
73	**A**	B	C	D
74	A	B	C	**D**
75	A	B	C	**D**
76	**A**	B	C	D
77	A	B	**C**	D
78	A	**B**	C	D
79	A	**B**	C	D
80	**A**	B	C	D
81	A	**B**	C	D
82	**A**	B	C	D
83	**A**	B	C	D
84	A	B	**C**	D
85	**A**	B	C	D

SAT II Chinese Simulated Test Five

Answer Key

LISTENING				
1	**A**	B	C	D
2	**A**	B	C	D
3	**A**	B	C	D
4	**A**	B	C	D
5	**A**	B	C	D
6	**A**	B	C	D
7	A	**B**	C	D
8	A	**B**	C	D
9	**A**	B	C	D
10	A	B	**C**	D
11	A	B	**C**	D
12	A	B	**C**	D
13	A	B	**C**	D
14	**A**	B	C	D
15	**A**	B	C	D
16	A	B	C	**D**
17	**A**	B	C	D
18	**A**	B	C	D
19	**A**	B	C	D
20	**A**	B	C	D
21	A	B	C	**D**
22	A	B	**C**	D
23	**A**	B	C	D
24	A	B	**C**	D
25	A	B	C	**D**
26	A	**B**	C	D
27	A	**B**	C	D
28	A	B	C	**D**
29	A	**B**	C	D
30	A	**B**	C	D

GRAMMAR				
31	A	**B**	C	D
32	A	B	**C**	D
33	A	**B**	C	D
34	**A**	B	C	D
35	**A**	B	C	D
36	**A**	B	C	D
37	A	B	**C**	D
38	A	**B**	C	D
39	**A**	B	C	D
40	A	B	C	**D**
41	**A**	B	C	D
42	**A**	B	C	D
43	A	B	C	**D**
44	A	B	**C**	D
45	**A**	B	C	D
46	A	**B**	C	D
47	A	**B**	C	D
48	**A**	B	C	D
49	**A**	B	C	D
50	A	**B**	C	D
51	A	B	C	**D**
52	A	B	C	**D**
53	A	B	**C**	D
54	A	**B**	C	D
55	A	B	**C**	D

READING				
56	A	B	C	**D**
57	A	B	C	**D**
58	A	B	**C**	D
59	A	**B**	C	D
60	A	B	C	**D**
61	**A**	B	C	D
62	**A**	B	C	D
63	A	**B**	C	D
64	A	**B**	C	D
65	A	**B**	C	D
66	A	B	**C**	D
67	A	**B**	C	D
68	A	**B**	C	D
69	A	B	C	**D**
70	A	**B**	C	D
71	A	**B**	C	D
72	A	B	**C**	D
73	A	B	**C**	D
74	A	**B**	C	D
75	A	**B**	C	D
76	A	**B**	C	D
77	A	B	**C**	D
78	A	**B**	C	D
79	A	B	C	**D**
80	A	B	**C**	D
81	**A**	B	C	D
82	**A**	B	C	D
83	A	**B**	C	D
84	A	**B**	C	D
85	A	**B**	C	D

SAT II Chinese Simulated Test Six
Answer Key

LISTENING				
1	**A**	B	C	D
2	A	B	**C**	D
3	**A**	B	C	D
4	A	**B**	C	D
5	**A**	B	C	D
6	**A**	B	C	D
7	A	**B**	C	D
8	**A**	B	C	D
9	A	B	**C**	D
10	A	B	**C**	D
11	A	B	**C**	D
12	A	B	**C**	D
13	A	B	**C**	D
14	A	**B**	C	D
15	A	B	**C**	D
16	**A**	B	C	D
17	A	B	**C**	D
18	A	B	**C**	D
19	A	**B**	C	D
20	A	B	C	**D**
21	**A**	B	C	D
22	A	B	C	**D**
23	**A**	B	C	D
24	A	**B**	C	D
25	A	**B**	C	D
26	A	B	C	**D**
27	A	B	**C**	D
28	A	B	**C**	D
29	A	**B**	C	D
30	**A**	B	C	D

GRAMMAR				
31	A	**B**	C	D
32	A	**B**	C	D
33	A	**B**	C	D
34	A	B	C	**D**
35	**A**	B	C	D
36	A	**B**	C	D
37	A	B	**C**	D
38	A	B	C	**D**
39	A	**B**	C	D
40	A	B	**C**	D
41	A	B	C	**D**
42	A	**B**	C	D
43	**A**	B	C	D
44	A	**B**	C	D
45	**A**	B	C	D
46	A	**B**	C	D
47	A	B	**C**	D
48	A	B	**C**	D
49	A	B	**C**	D
50	**A**	B	C	D
51	A	B	C	**D**
52	**A**	B	C	D
53	**A**	B	C	D
54	A	B	**C**	D
55	A	B	C	**D**

READING				
56	A	B	**C**	D
57	**A**	B	C	D
58	A	B	C	**D**
59	A	B	C	**D**
60	A	**B**	C	D
61	A	**B**	C	D
62	A	B	C	**D**
63	**A**	B	C	D
64	A	**B**	C	D
65	A	**B**	C	D
66	A	**B**	C	D
67	A	B	C	**D**
68	**A**	B	C	D
69	A	B	C	**D**
70	A	B	**C**	D
71	**A**	B	C	D
72	A	**B**	C	D
73	A	B	C	**D**
74	A	B	**C**	D
75	A	B	C	**D**
76	A	**B**	C	D
77	A	**B**	C	D
78	A	B	**C**	D
79	A	B	C	**D**
80	A	**B**	C	D
81	A	B	C	**D**
82	A	B	**C**	D
83	A	B	**C**	D
84	A	B	**C**	D
85	**A**	B	C	D

SAT II Chinese Simulated Test Answer Sheet

LISTENING					GRAMMAR					READING				
1	(A)	(B)	(C)	(D)	31	(A)	(B)	(C)	(D)	56	(A)	(B)	(C)	(D)
2	(A)	(B)	(C)	(D)	32	(A)	(B)	(C)	(D)	57	(A)	(B)	(C)	(D)
3	(A)	(B)	(C)	(D)	33	(A)	(B)	(C)	(D)	58	(A)	(B)	(C)	(D)
4	(A)	(B)	(C)	(D)	34	(A)	(B)	(C)	(D)	59	(A)	(B)	(C)	(D)
5	(A)	(B)	(C)	(D)	35	(A)	(B)	(C)	(D)	60	(A)	(B)	(C)	(D)
6	(A)	(B)	(C)	(D)	36	(A)	(B)	(C)	(D)	61	(A)	(B)	(C)	(D)
7	(A)	(B)	(C)	(D)	37	(A)	(B)	(C)	(D)	62	(A)	(B)	(C)	(D)
8	(A)	(B)	(C)	(D)	38	(A)	(B)	(C)	(D)	63	(A)	(B)	(C)	(D)
9	(A)	(B)	(C)	(D)	39	(A)	(B)	(C)	(D)	64	(A)	(B)	(C)	(D)
10	(A)	(B)	(C)	(D)	40	(A)	(B)	(C)	(D)	65	(A)	(B)	(C)	(D)
11	(A)	(B)	(C)	(D)	41	(A)	(B)	(C)	(D)	66	(A)	(B)	(C)	(D)
12	(A)	(B)	(C)	(D)	42	(A)	(B)	(C)	(D)	67	(A)	(B)	(C)	(D)
13	(A)	(B)	(C)	(D)	43	(A)	(B)	(C)	(D)	68	(A)	(B)	(C)	(D)
14	(A)	(B)	(C)	(D)	44	(A)	(B)	(C)	(D)	69	(A)	(B)	(C)	(D)
15	(A)	(B)	(C)	(D)	45	(A)	(B)	(C)	(D)	70	(A)	(B)	(C)	(D)
16	(A)	(B)	(C)	(D)	46	(A)	(B)	(C)	(D)	71	(A)	(B)	(C)	(D)
17	(A)	(B)	(C)	(D)	47	(A)	(B)	(C)	(D)	72	(A)	(B)	(C)	(D)
18	(A)	(B)	(C)	(D)	48	(A)	(B)	(C)	(D)	73	(A)	(B)	(C)	(D)
19	(A)	(B)	(C)	(D)	49	(A)	(B)	(C)	(D)	74	(A)	(B)	(C)	(D)
20	(A)	(B)	(C)	(D)	50	(A)	(B)	(C)	(D)	75	(A)	(B)	(C)	(D)
21	(A)	(B)	(C)	(D)	51	(A)	(B)	(C)	(D)	76	(A)	(B)	(C)	(D)
22	(A)	(B)	(C)	(D)	52	(A)	(B)	(C)	(D)	77	(A)	(B)	(C)	(D)
23	(A)	(B)	(C)	(D)	53	(A)	(B)	(C)	(D)	78	(A)	(B)	(C)	(D)
24	(A)	(B)	(C)	(D)	54	(A)	(B)	(C)	(D)	79	(A)	(B)	(C)	(D)
25	(A)	(B)	(C)	(D)	55	(A)	(B)	(C)	(D)	80	(A)	(B)	(C)	(D)
26	(A)	(B)	(C)	(D)						81	(A)	(B)	(C)	(D)
27	(A)	(B)	(C)	(D)						82	(A)	(B)	(C)	(D)
28	(A)	(B)	(C)	(D)						83	(A)	(B)	(C)	(D)
29	(A)	(B)	(C)	(D)						84	(A)	(B)	(C)	(D)
30	(A)	(B)	(C)	(D)						85	(A)	(B)	(C)	(D)

SAT II 中文常用词汇表 （简体）

使用说明：

1，为方便学生使用，大部分以词或词组为单位入选，少部分是以字为单位

2，词组选择中，每类仅选一个，如开车，开飞机等，只选开车

3，无人名，地名，成语。

4，所选词汇超出本书所使用的词汇范围，大概有三千五百左右

5，建议学生暑假开始，以本词汇表为纲，配合阅读，迅速掌握词汇

A

啊	阿	唉	阿姨	哎哟	爱	爱好	矮	癌症
挨	爱护	爱情	爱心	安静	安排	安全	安置	安装
岸边	暗	暗示	案件	按时	按照	熬	熬夜	

B

八	巴不得	把	把关	把手	把握	爸爸	吧	罢了
掰	白	百	百分之	摆	摆开	拜访	拜年	拜托
搬	班	班级	版本	半	办法	办公室	办理	扮演
帮忙	帮助	榜样	磅	棒	傍晚	包	包袱	包裹
包含	包括	包围	包装	包子	薄	饱	饱和	宝贝
宝贵	保持	保存	保管	保护	保留	保密	保姆	保守
保险	保证	抱	抱歉	抱怨	报酬	报道	报到	报名
报告	报社	报销	报纸	爆发	暴力	悲哀	杯子	北方
北极	北京	倍	被	被动	被子	背	背诵	备份
贝壳	奔波	奔驰	本	本来	本科	本领	本能	本钱
本人	本身	本事	本质	笨	甭	蹦	鼻涕	鼻子
比	比方	比较	比如	比赛	比喻	彼此	笔	笔记本
臂	必定	必须	必然	必需	必要	毕竟	毕业	避免
鞭炮	编辑	边界	边境	扁	遍	遍布	便	便利
便条	便于	变故	变化	辩护	辩解	辩论	辫子	标点

标记 标题 标志 标准 表达 表格 表哥 表决 表面
表明 表情 表示 表现 表扬 表演 憋 别 别人
别墅 别扭 宾馆 冰 冰箱 冰雹 丙 饼干 并非
并列 并且 病毒 病情 拨打 播放 播种 波浪 玻璃
博览会 博物馆 博士 伯父 脖子 不必 不但 不断 不顾
不过 不见得 不客气 不料 不耐烦 不像话 不要紧 补充 补救
补偿 不 不安 不久 不得不 不得了 不得已 不妨 不敢当
不管 不好 不禁 不仅 不免 不然 不如 不时 不由得
不止 不足 布 布告 布置 步 步骤 部分 部门
部位

C

擦 猜 才 才能 财产 财富 财务 裁缝 裁判
裁员 材料 踩 采访 采购 采纳 采取 彩虹 彩票
菜 菜单 参观 参加 参考 参与 餐厅 残疾 舱
苍白 仓库 操场 操心 操作 草 草地 草案 草率
册 测验 侧面 厕所 层 曾经 插 差别 差距
叉子 茶 查获 岔 差 差不多 刹那 拆 柴油
搀 馋 产品 产生 颤抖 长 长城 长江 长途
尝 尝试 偿还 常年 常识 场 场合 场面 场所
场地 敞开 倡导 唱歌 畅通 畅销 抄 抄手 超过
超级 超市 超越 钞票 朝 朝代 潮湿 嘲笑 炒
吵 吵架 车库 车厢 撤销 沉默 沉重 陈旧 陈列
趁 衬衫 称心 称呼 称赞 盛满 橙 乘 乘务员
乘坐 承担 承诺 承认 承受 成本 成分 成功 成果
成绩 成就 成立 成熟 成天 成为 成心 成语 成员
成长 程度 惩罚 诚实 城市 秤 吃 吃惊 吃苦
吃亏 吃力 迟到 持续 池塘 尺子 翅膀 赤道 赤字
冲 冲动 冲击 冲突 充当 充电器 充分 充满 充足
重叠 重复 重新 重阳节 宠物 抽空 抽屉 抽烟 丑
丑恶 臭 出 出版 出差 出发 出口 出路 出卖
出色 出身 出神 出生 出席 出息 出现 出租车 初步
初级 除 除了 除非 除法 除夕 厨房 处理 处置
穿 穿戴 船 船只 传播 传单 传递 传染 传说

传统 传真 喘气 串 窗户 窗帘 床单 闯 创新
创业 创造 创作 吹 吹牛 锤 垂直 春 纯
磁带 词典 词汇 词语 词组 辞职 此外 刺 次
次品 次序 次要 伺候 匆忙 聪明 丛 从 从此
从而 从来 从前 从事 粗心 醋 窜 催 存
存在 错 错误 村庄 措施

D

搭配 答应 答案 答辩 答复 达成 达到 打扮 打包
打电话 打官司 打工 打架 打交道 打球 打量 打猎 打喷嚏
打扰 打扫 打算 打听 打印 打仗 打招呼 打折 大
大不了 大方 大概 大伙儿 大家 大使馆 大体 大象 大型
大意 大约 大致 呆 戴 带 带领 带头 代表
代价 代理 代替 大夫 贷款 待遇 担任 担心 单纯
单调 单独 单位 单元 耽误 胆小 淡 淡季 淡水
蛋白质 蛋糕 诞生 但是 当 当场 当初 当代 当地
当面 当前 当然 当时 当事人 当心 当选 挡住 刀
岛 岛屿 倒霉 导弹 导航 导演 导游 导致 倒车
到 到处 到达 到底 到期 道德 道理 道歉 道家
道路 道地 盗窃 得力 得意 得罪 的 地 得
灯 灯笼 登 登记 登机牌 登陆 等 等待 等候
等级 等于 低 滴 的确 敌人 底 抵达 抵制
递 递增 地步 地道 地方 地理 地球 地区 地势
地毯 地铁 地图 地位 地震 地址 地板 地面 地产
弟弟 第一 点 点头 点心 典礼 典型 电池 电脑
电视 电台 电梯 电影 电源 电邮 雕刻 雕塑 掉
吊 钓 调查 调动 跌 丁 盯 顶 定
定期 定义 丢 丢人 冬 东 东道主 东西 懂
董事长 栋 冻 冻结 洞 洞口 动画片 动机 动静
动力 动身 动手 动物 动作 动不动 动作片 都 兜
逗 豆腐 都市 读 读者 独立 独特 毒品 赌博
堵车 堵塞 度过 肚子 端 端午节 短 短信 段
断 断定 锻炼 堆 对 对比 对不起 对称 对待
对方 对付 对话 对抗 对立 对联 对面 对手 对象
对于 对照 兑换 兑现 队伍 吨 蹲 顿 顿时

多　多亏　多么　多少　多余　朵

E

额外　恶心　饿　恶化　而　而且　而已　儿童　儿子
耳朵　耳环　二　鳄鱼　噩梦

F

发　发表　发布　发财　发愁　发呆　发动　发抖　发挥
发火　发觉　发明　发票　发烧　发生　发誓　发现　发行
发言　发炎　发育　发展　发型　罚款　法律　法院　翻
翻译　番　繁华　繁忙　繁体字　烦恼　凡是　反常　反倒
反对　反而　反复　反感　反抗　反馈　反面　反思　反问句
反映　反应　反正　反之　范围　饭馆　方　方案　方便
方法　方面　方式　方位　方向　方言　妨碍　房东　房间
防止　防治　仿佛　访问　放　放大　放弃　放手　放暑假
放松　放心　非　非常　非法　飞机　肥皂　肺　废除
废话　废品　废物　费用　分　分辨　分别　分布　分寸
分红　分开　分明　分配　分歧　分散　分手　分析　分钟
分公司　吩咐　粉色　份　分量　愤怒　风暴　风度　风格
风光　风景　风气　风趣　风俗　风味　风险　风力　风向
风水　丰富　丰盛　丰收　锋利　疯狂　否定　否认　否则
夫妻　夫人　扶　幅　服从　服气　服务员　服装　符号
符合　福利　福气　辐射　腐朽　辅导　抚养　富　副
副作用　负担　负责　附件　附近　复活节　复习　复印　复杂
复制　付款　妇女　父亲　腹泻

G

改变　改革　改进　改善　改正　盖　盖章　概括　概念
干杯　干脆　干旱　干净　干预　干燥　甘心　敢　感动
感激　感觉　感冒　感情　感受　感想　感谢　赶紧　赶快
干　干活　刚才　刚刚　港口　岗位　高　高潮　高超
高档　高峰　高级　高考　高明　高速路　高兴　搞　稿件

告别 告辞 告诉 割 搁 胳膊 哥哥 歌唱 鸽子
隔壁 隔离 格式 格外 个 个别 个体 个性 个子
各 各自 各个 给 根 根本 根据 根源 跟
跟前 跟随 跟踪 耕地 更新 更正 更 更加 公布
公告 公道 公交车 公关 公斤 公开 公里 公民 公平
公认 公式 公司 公寓 公元 公园 公证 公正 公主
供给 工厂 工程师 工夫 工具 工人 工业 工艺品 工资
工作 功夫 功课 功劳 功能 恭敬 共计 共同 贡献
沟通 钩子 狗 购 构成 孤单 孤立 姑姑 姑娘
姑且 估计 古代 古董 古老 股东 股份 股票 鼓掌
骨干 骨头 固定 固然 固体 顾客 顾虑 顾问 故事
故乡 故意 故障 雇佣 刮风 挂 挂号 拐弯 拐杖
怪不得 关 关闭 关怀 关键 关系 关心 关于 关照
官 官方 观察 观点 观光 观念 观众 管理 罐
冠军 惯例 光 光滑 光临 光明 光盘 广播 广场
广大 广泛 广告 广阔 逛 规定 规范 规矩 规律
规模 规则 归还 归纳 轨道 跪 贵 贵重 贵族
柜台 滚 棍棒 锅 国际 国籍 国家 国内 国庆节
国会 国产 国王 国债 国民 果断 果然 果实 果汁
过 过程 过度 过分 过奖 过敏 过期 过去 过失
过问 过瘾 过于

H

哈 嗨 嘿 还 还是 孩子 海拔 海滨 海关
海鲜 海洋 害怕 害病 含糊 含义 寒假 寒暄 寒冷
喊 汗 汉语 航班 航空 航天 航行 行列 行业
豪华 毫米 毫无 好 好吃 好处 好像 号 号码
好客 好奇 呵 喝 河 和 和解 和气 和睦
和平 和谐 何必 何况 合并 合法 合格 合乎 合伙
合理 合身 合适 合算 合同 合影 合作 核心 合资
盒子 嘿 黑 黑板 很 狠心 恨 恨不得 哼
横 哄 烘 红 红包 洪水 喉咙 猴子 吼
厚 后代 后果 后悔 后来 后面 后头 候选 忽然
忽视 呼吸 呼吁 壶 蝴蝶 胡乱 胡说 胡同 胡须

湖泊 糊涂 互联网 互相 护士 护照 花 花朵 花生
花园 滑冰 划船 华侨 华裔 画 化石 化学 化验
化妆 划分 话题 话筒 话梅 怀念 怀疑 怀孕 坏
欢乐 欢迎 还 还原 环境 缓和 换 幻想 患者
慌忙 慌张 黄 黄瓜 黄昏 黄金 皇帝 皇后 灰
灰尘 灰心 挥 恢复 回 回报 回避 回答 回顾
回收 回忆 回去 回应 会 会议 会员 会谈 汇
会费 汇报 汇率 婚礼 昏迷 浑身 混合 混乱 活动
活力 活着 活跃 火 火柴 火车站 火箭 火药 伙伴
货币 获得 或许 或者

J

基本 基地 基因 基金 机场 机动车 机关 机会 机灵
机密 机器 机遇 机智 鸡蛋 激动 激发 饥饿 几乎
积极 积累 肌肉 讥笑 极 极端 极其 极限 即便
即将 即使 级别 疾病 及格 及时 及早 急忙 急切
籍贯 集合 集体 集团 集中 吉祥 几 给予 寄
寄托 继承 继续 记得 记录 记性 记忆 记载 记者
季度 季节 季军 计划 计较 计算 寂寞 系鞋带 纪录
纪念 技能 技巧 技术 既然 迹象 家 家常 家伙
家具 家属 家庭 家务 家乡 加班 加工 加油站 嘉宾
佳肴 夹杂 甲 假 假如 假设 假使 假装 嫁
价格 价值 驾驶 煎中药 肩膀 坚持 坚决 坚硬 监视
监狱 尖端 尖锐 艰难 兼职 拣 捡 剪刀 检查
简单 简化 简历 简体字 简要 简直 减肥 减少 件
溅 鉴于 间谍 间隔 见解 见面 见闻 健康 健全
健身房 建立 建议 建筑 键盘 舰艇 将近 将军 将来
将要 桨 浆 讲 讲究 讲话 讲座 奖金 奖励
降低 降落 酱油 教 浇 交 交叉 交待 交换
交流 交涉 交通 交往 交易 交作业 骄傲 焦点 焦急
娇气 郊区 胶水 脚 角 角度 角落 饺子 叫
教材 教练 教师 教室 教授 教训 教养 教育 较量
皆 接 接触 接待 接近 接连 接受 接着 阶段
街道 揭露 结实 节 节目 节日 节省 节约 节奏

杰出　结构　结果　结合　结婚　结局　结论　结束　结算
结账　截至　解除　解雇　解决　解散　解释　解说员　解开
姐姐　届　借　借鉴　借口　借助　戒烟　戒指　介绍
界限　金融　金属　金子　今天　紧　紧急　紧张　尽管
尽快　尽量　进　进步　进而　进化　进口　进行　进展
近　近代　近来　近视　尽力　晋升　禁止　精彩　精简
精力　精确　精神　精通　精心　经常　经典　经费　经过
经济　经理　经历　经商　经验　经营　惊动　惊奇　惊讶
京剧　井　警察　警告　景色　颈椎　敬礼　竟然　竞赛
竞选　竞争　镜头　镜子　纠正　究竟　九　久　酒吧
酒精　旧　救　救护车　救济　就　就近　就业　就职
舅舅　居然　居住　局部　局限　橘子　举　举办　举动
举行　具备　具体　剧本　巨大　聚会　拒绝　俱乐部　距离
据说　句子　捐　卷　决定　决赛　决心　觉得　觉醒
绝对　绝望　角色　军事　均匀

K

咖啡　卡车　卡通　开　开除　开发　开放　开幕式　开始
开水　开门　开车　开会　开玩笑　开心　开展　开支　刊登
刊物　砍　看　看不起　看待　看法　看见　看来　看望
扛　抗议　考察　考核　考虑　考试　考验　烤鸭　棵
磕　颗　颗粒　科目　科学　咳嗽　渴　渴望　可爱
可观　可见　可靠　可口　可能　可怕　可是　可恶　可惜
可笑　可行　可以　刻　刻苦　课　课程　课题　克
克服　客观　客户　客人　客厅　啃　肯定　坑　空调
空间　空洞　空气　空想　孔　恐怕　空白　空闲　口
口气　口腔　口头　口味　口音　哭　苦　裤子　夸
挎　跨　快　块　快活　快乐　会计　筷子　宽
款待　款式　筐　旷课　况且　矿泉水　亏待　捆绑　困
困难　扩大　扩散

L

拉　垃圾　喇叭　辣　辣椒　蜡烛　啦　来　来不及

来得及 来历 来源 来自 拦 蓝 栏目 懒 烂
狼 朗读 浪费 捞 唠叨 劳动 劳驾 牢骚 老
老百姓 老虎 老师 老人 老实 老鼠 老板 乐观 姥姥
乐趣 乐意 了 雷 雷达 累 类 类似 冷
冷淡 冷静 冷却 楞 梨 离 离婚 离开 里
里程碑 里面 礼拜天 礼节 礼貌 礼物 理发 理解 理论
理想 理由 粒 立场 立即 立交桥 立刻 立体 立足
历代 厉害 历来 历史 利率 力量 力气 例如 例外
利润 利息 利益 利用 俩 连 连忙 连年 连锁
连同 连续剧 联合 联欢 联络 联盟 联系 联想 脸
练习 良好 良心 凉快 粮食 两 亮 辆 晾
聊天 了不起 了解 淋 临时 邻居 铃 零 零件
零钱 零食 凌晨 灵活 领导 领会 领事馆 领土 领悟
领先 领袖 另外 溜 留 留念 留神 留学 流传
流浪 流泪 流利 流露 流行 浏览 六 龙 聋哑
楼 搂 漏 炉灶 路 陆地 陆续 录取 录音
乱 轮船 轮流 轮胎 论文 论证 啰嗦 逻辑 落后
落实 旅游 率 绿 律师 律诗

M

妈妈 麻烦 麻木 麻醉 马 马虎 马上 马戏 马桶
吗 嘛 埋没 买 迈 卖 麦克风 脉搏 馒头
埋怨 满 满意 满足 慢 慢性 漫画 忙 忙碌
猫 毛 毛病 毛巾 矛盾 冒充 冒险 贸易 帽子
玫瑰 枚 没 没关系 没有 媒体 眉毛 煤炭 每
美观 美丽 美术 魅力 妹妹 门 门诊 门口 们
蒙 梦 梦想 骂 码头 眯 迷路 迷人 谜语
米 米饭 密封 密码 密切 蜜蜂 秘密 秘书 棉花
免得 免费 勉强 面包 面对 面积 面临 面条 面子
描写 苗条 秒 民间 民用 民族 敏感 明白 明明
明确 明天 明显 明信片 明星 名次 名额 名片 名牌
名字 命令 命名 摸 抹 膜 磨 摩托车 模仿
模糊 模式 魔术 默默 陌生 墨水 谋求 某 模样
母亲 母语 目标 目的 目光 目录 目前 目光 沐浴
木头 木耳

N

拿 拿手 哪 哪怕 哪儿 那 奶奶 耐心 耐用
南 难 难道 难得 难怪 难过 难看 难免 难受
男人 脑袋 呢 内 内科 内容 内在 嫩 能
能干 能力 能源 嗯 你 年 年代 年度 年级
年纪 年龄 年轻 念 鸟 捏 您 拧 凝视
宁可 宁肯 宁愿 牛奶 牛仔裤 纽扣 扭转 浓 浓厚
脓肿 农村 农历 农民 农业 弄 努力 暖和 挪
女儿 女人 女士 女生 女子

O

哦 欧洲 欧元 藕 呕吐 噢 偶尔 偶然

P

趴 爬山 拍 排除 排队 排放 排列 排球 派
派对 派别 盘子 畔 判断 判决 判刑 旁边 胖
跑步 泡沫 陪 赔偿 培训 培养 培育 配合 配偶
佩服 盆 盆地 烹饪 朋友 捧 碰见 披 劈
批 批发 批评 批准 疲劳 皮肤 皮鞋 啤酒 脾气
匹 屁股 譬如 篇 偏见 偏偏 便宜 骗 片
片断 片刻 片面 飘 漂 漂浮 票 漂亮 频道
频率 频繁 贫乏 贫困 品尝 品德 品行 品种 乒乓球
凭 平 平常 平等 平方 平衡 平静 平均 平时
平行 平原 评价 评论 苹果 瓶子 坡 泼 颇
破 破产 破坏 破例 迫切 扑 铺 葡萄 普遍
普及 普通话 朴 朴素 瀑布 盼望 攀岩

Q

七 期待 期间 期望 期限 欺负 欺骗 凄凉 妻子
骑 其次 其实 其他 其余 其中 奇怪 奇迹 旗袍
齐全 歧视 起草 起初 起床 起飞 起来 起码 起源

启发	启示	启事	企业	器官	气氛	气功	气候	气色
气味	气象	汽油	掐	恰当	恰巧	洽谈	牵	千
千万	铅笔	签证	签字	迁就	谦虚	钱	前面	前提
前途	潜力	潜水	浅	欠	枪	强烈	强	强调
抢	抢劫	抢救	强迫	敲	桥	桥梁	巧克力	巧妙
翘	切	亲爱	亲戚	亲热	亲身	亲自	勤俭	勤劳
青	青春	亲少年	轻	轻视	轻松	清晨	清楚	清除
清淡	清理	清醒	倾向	倾斜	晴	晴朗	情况	情报
情理	情绪	请	请假	请柬	请教	请客	请求	请示
请帖	庆祝	穷	秋	丘陵	球迷	区别	区分	区域
曲折	娶	取	取消	曲	去	去年	去世	趣味
圈	全部	全面	权利	权力	拳头	犬	劝	缺点
缺口	缺少	缺席	瘸	却	确定	确立	确切	确认
确实	确信	群	群众	裙子				

R

然而	然后	染	让	让步	让座	绕	热	热狗
热爱	热门	热闹	热心	人	人才	人道	人格	人工
人家	人间	人口	人类	人民币	人生	人士	人事部	人为
人物	人性	人员	人次	人参	忍不住	忍耐	忍受	认定
认可	认识	认为	认真	任何	任命	任务	任意	扔
仍	仍旧	仍然	日	日常	日记	日历	日期	日益
日用品	日食	日子	仁慈	惹祸	容貌	容纳	容器	容忍
容易	荣誉	揉	如果	如何	如今	入口	软	软件
弱	弱点	若						

S

撒谎	洒	三	三角	伞	散文	散布	散步	散发
嗓子	嫂子	色彩	色拉	森林	刹车	杀	沙漠	沙发
啥	傻	晒	删除	山脉	闪电	擅长	擅自	善良
善于	扇子	商标	商店	商量	商品	商业	伤脑筋	伤心
上	上班	上当	上级	上进心	上网	上午	上瘾	上游
上心	上学	上课	捎	稍微	勺子	少	舌头	舍不得
设计	设想	社会	社区	射击	涉及	摄氏度	摄影	谁

伸 深 申报 申请 身材 身份 身体 神话 神经
神奇 神情 神仙 神经病 什么 审美 审查 甚至 升
生病 生存 生活 生命 生气 生日 生物 生效 生锈
生孩子 生词 生肖 声调 声明 声音 声誉 绳子 省
省会 省得 省事儿 省市 剩 盛开 盛行 胜负 胜利
诗 失败 失眠 失去 失望 失误 失业 失踪 师傅
湿润 尸体 狮子 拾 十 十分 十足 识别 时差
时常 时而 时候 时间 时刻 时髦 时期 时事 时装
实话 实惠 实际 实力 实习 实现 实行 实用 实在
食品 食物 石头 石油 使 使劲儿 使用 始终 是
是非 是否 试 试卷 试图 试验 势力 士兵 市场
世代 世纪 世界 似的 示威 示意 释放 事故 事件
事情 事实 事态 事物 事先 事业 适合 适应 视力
视线 收 收藏 收获 收据 收入 收拾 收音机 手表
手法 手工 手机 手势 手术 手套 手艺 手指头 首都
首先 守护 瘦 受不了 受到 受伤 售货员 寿命 书
书法 书籍 书架 书面 书写 书店 输 输入 蔬菜
舒服 舒适 叔叔 梳子 熟练 熟悉 数 鼠标 属于
竖 束 树 数额 数量 数目 数学 数字 数据
刷牙 耍 摔 甩 率 涮火锅 双 双胞胎 双方
爽快 水 水果 水利 水龙头 水泥 水平 税 睡觉
顺便 顺利 顺序 说不定 说服 说话 说明 硕士 撕
丝绸 丝毫 司机 司令 思考 思念 思索 思想 私人
私自 死 死亡 四 四面 四肢 四声 四合院 四处
四季 似乎 寺庙 送 艘 搜索 俗话 速度 塑料袋
宿舍 诉讼 酸 算 虽然 随便 随身 随时 随手
随意 随着 碎 岁 岁月 孙子 损坏 损失 缩短
缩小 锁 所 所谓 所以 所有

T

她 它 他 塌 踏实 塔 抬 台 台风
台阶 太 太极拳 太空 太太 太阳 态度 摊儿 谈
谈判 弹钢琴 坦白 探望 叹气 汤 糖 糖葫芦 躺
倘若 烫 趟 掏 桃 逃 陶瓷 淘气 讨论
讨厌 套 特别 特长 特点 特色 特殊 特意 疼

疼爱 踢足球 提 提出 提议 提纲 提高 提供 提前
提示 提问 提醒 题 题材 题目 体会 体谅 体面
体贴 体现 体育 天 天才 天空 天气 天然气 天生
天堂 天文 天真 甜 田径 田野 填空 舔 挑
条 条件 条理 调和 调剂 调料 调皮 挑拨 挑战
跳舞 听 停顿 停止 亭台 挺 通常 通过 通俗
通讯 通用 通知 铜 同胞 同情 同时 同事 同学
同意 童话 统计 统一 统统 痛苦 痛快 头发 投票
投降 投资 透明 秃 突出 突然 图案 图书馆 徒弟
途径 土地 土豆 吐 兔子 团 团结 团体 团圆
推 推辞 推迟 推翻 推荐 推理 推销 推拿 腿
退 退步 退休 退出 脱离 托运 妥善 妥协 妥当
椭圆 唾沫 脱 吞 臀部 托福

W

挖 娃娃 袜子 哇 歪 外 外表 外行 外表
外交 外界 外向 弯 丸子 完 完备 完成 完美
完全 完整 玩 玩具 玩意儿 碗 晚上 万 万分
万一 王子 往 往常 往返 往事 往往 网络 网球
网站 忘记 微笑 威望 威胁 威信 危机 危险 违背
违反 维生素 维修 唯独 围巾 围绕 为难 为首 唯一
尾巴 伟大 委员 伪造 喂 胃 胃口 为 为了
为什么 位 位于 位置 未来 未免 味道 卫生间 卫星
温带 温度 温和 温暖 闻 文化 文件 文具 文明
文物 文学 文艺 文章 吻 稳定 问 问候 问题
窝 我 我们 卧室 握手 污染 屋子 无 无比
无从 无非 无聊 无论 无奈 无数 无知 勿 舞蹈
武器 武术 武侠 雾 误解 误会 物 物理 五
五花肉 五环旗 五言诗 五官

X

溪 西 西瓜 西红柿 膝盖 吸收 吸引 希望 夕阳
媳妇 习惯 习俗 洗 洗手间 洗衣机 洗澡 喜欢 系
系列 系统 细胞 细节 细菌 细致 戏剧 瞎 霞

狭窄	峡谷	吓	夏	夏令营	下	下午	下雨	下载
先	先后	先秦	先进	先前	先生	鲜艳	掀	纤维
弦	咸	嫌弃	嫌疑	闲话	显得	显然	显示	显著
县	现场	现成	现代	现金	现实	现象	现在	宪法
陷入	羡慕	馅儿	线	限制	香	香蕉	香水	香菇
香肠	相差	相处	相当	相等	相反	相关	相似	相同
相信	乡镇	详细	想	想念	想象	响	响应	享受
巷	像	向	向导	向来	向往	项	项链	项目
橡皮	象棋	消除	消毒	消防	消费	消化	消极	消息
销售	小	小吃	小伙子	小姐	小麦	小气	小时	小说
小偷	小心	笑	笑话	效果	效率	孝顺	校长	些
歇	斜	鞋	协会	协商	协助	写	写作	屑
谢谢	谢绝	泄漏	泄气	新	新郎	新娘	新闻	新鲜
心理	心得	心情	心疼	心血	心脏	心眼儿	心上人	辛苦
辛勤	欣赏	薪水	信	信封	信号	信任	信息	信心
信用卡	信箱	信誉	腥	兴奋	兴旺	星期	行	行动
行李	行为	行人	形成	形容	形式	形态	形象	形状
刑	醒	姓	性别	性格	幸福	幸好	幸亏	幸运
兴趣	胸	凶手	兄弟	熊猫	修	修改	修建	修理
休息	休闲	绣	嗅	虚假	虚心	需求	需要	须知
许多	许可	酗酒	叙述	序言	宣布	宣传	悬挂	旋转
选拔	选举	选手	选择	选民	学期	学生	学说	学位
学问	学习	学校	学历	学费	血	血压	血型	雪
熏肉	寻找	询问	训练	迅速				

Y

押金	压力	压岁钱	牙膏	亚军	亚洲	呀	烟花	盐
延长	延期	延续	严格	严寒	严禁	严重	沿海	研究生
言论	炎热	颜色	岩石	演出	演讲	演员	演奏	演说
眼光	眼睛	眼镜	眼色	眼神	眼下	眼泪	宴会	厌恶
阳光	阳台	羊肉	痒	养成	氧气	样品	样式	样子
腰	邀请	要求	摇	摇摆	摇头	摇滚	摇晃	遥远
谣言	咬	药	要	要不然	要不是	要点	要命	要是
钥匙	爷爷	也	也许	野蛮	页	夜	业余	叶
一	一流	依旧	依据	依靠	依赖	依然	衣服	医生

医院	一辈子	一旦	一定	一共	一会儿	一律	一切	一向
一样	一再	一致	一直	一起	一次	遗产	遗传	遗憾
遗失	移动	移民	疑问	仪式	乙	以	以便	以后
以及	以来	以免	以前	以往	以为	以至	以致	已经
椅子	亿	亦	翼	一般	一边	异常	意见	意料
意思	意外	意味	意向	意义	毅力	议论	艺术	义务
抑制	阴	因此	因而	因素	因为	音像店	音响	音乐
银	银行	隐患	隐瞒	隐私	隐约	引导	引起	引擎
引起	饮料	饮食	印刷	印象	婴儿	应该	英俊	英雄
赢	迎接	迎面	盈利	荧屏	营养	营业	影响	影子
硬	硬币	硬件	应付	应聘	应用	拥抱	拥挤	拥护
拥有	勇气	勇于	永远	用	用功	用户	用途	优点
优惠	优势	优先	优秀	优越	悠久	幽默	由	由于
邮局	游览	游戏	游泳	油漆	油炸	尤其	犹如	犹豫
有	有利	有趣	有名	友好	友谊	又	右	幼儿
幼稚	鱼	愚蠢	愉快	娱乐	渔人	于是	与	与其
语法	语气	语言	羽毛球	羽绒服	宇宙	愈	预报	预订
预防	预料	预算	预习	预先	预言	遇到	玉米	欲望
寓言	元	元旦	元首	元素	元宵节	圆	圆满	原告
原来	原理	原谅	原料	原始	原先	原因	缘故	园林
远	愿	愿意	约会	约束	越	月	月亮	阅读
岳父	乐谱	晕	云	允许	熨	运动	运输	运算
运行	运用							

Z

砸	杂技	杂志	咋	灾害	灾难	宰	在	在乎
在意	再	再见	再三	咱们	赞成	赞同	赞扬	赞助
暂且	脏	糟糕	遭受	遭遇	早上	造成	造型	噪音
则	责备	责怪	责任	贼	怎么	怎么样	增加	增添
增长	赠送	扎	扎实	眨	诈骗	摘	摘要	窄
沾光	粘贴	展示	展览	展现	占	战争	占领	占线
占有	张	涨	长	长辈	掌握	丈夫	账户	帐篷
招待	招聘	招收	着急	着凉	着迷	找	照常	照顾
照料	照片	照相机	照样	照应	召开	折	折价	哲学
这	着	真	真理	真相	真正	真实	珍惜	珍稀

珍珠	侦探	诊断	枕头	阵	镇静	震动	震惊	睁
争论	争气	争取	争议	蒸发	征求	正月	挣扎	整个
整理	整齐	整体	正	正常	正当	正规	正好	正经
正确	正式	正义	正在	政策	政府	政权	政治	证件
证据	证明	证实	证书	挣钱	症状	之	只	支
枝	支持	支出	支流	支配	支票	支柱	知道	知识
直	直播	直接	值班	值得	职位	职务	职业	植物
执行	执照	指	指导	指定	指挥	指甲	指令	指南针
指示	指望	指责	只好	只有	只要	治安	治理	制裁
制定	制度	制造	制服	制约	制作	致力于	智力	智能
智商	至今	至少	至于	质量	治疗	志愿者	钟	忠诚
忠实	终点	终身	终于	终止	中断	中国	中间	中介
中立	中文	中午	中心	中旬	中央	种	种子	种族
肿瘤	重	重点	重量	重视	重心	重要	州	洲
舟	粥	周边	周到	周末	周年	周围	邹纹	昼夜
株	猪	诸位	逐步	逐渐	竹子	拄	煮	主办
主持	主导	主动	主管	主流	主权	主人	主题	主席
主要	主意	主张	祝	祝福	祝贺	住	住宅	注册
注释	注意	注重	助理	助手	著名	著作权	抓紧	专长
专家	专科	专利	专门	专题	专心	专业	砖	转变
转告	转让	转移	赚钱	传记	装	装饰	撞	幢
状况	状态	追究	追求	准备	准确	准时	桌子	捉摸
琢磨	着手	着想	卓越	资本	资产	资格	资金	资料
资深	资源	资助	姿势	咨询	滋味	紫	子弹	仔细
字	字典	字母	字幕	自从	自动	自发	自豪	自觉
自己	自然	自私	自信	自行车	自由	自愿	自主	综合
宗教	棕色	总裁	总共	总结	总理	总是	总算	总统
总之	走	走廊	走漏	走私	揍	租	租赁	足够
组	组成	组合	组织	阻拦	阻止	祖父	祖国	祖先
钻石	嘴	嘴唇	醉	最	最初	最好	最后	最近
尊敬	尊重	遵守	昨天	左	坐	做	做东	做生意
做主	座	座位	座右铭	作弊	作废	作品	作为	作文
作息	作业	作用	作者					

SAT II 中文常用詞匯表 （繁体）

使用說明：

1，為方便學生使用，大部分以詞或詞組為單位入選，少部分是以字為單位

2，詞組選擇中，每類僅選一個，如開車，開飛机等，只選開車

3，無人名，地名，成語。

4，所選詞匯超出本書所使用的詞匯范圍，大概有三千五百左右

5，建議學生暑假開始，以本詞匯表為綱，配合閱讀，迅速掌握詞匯

A

啊 阿 唉 阿姨 哎喲 愛 愛好 矮 癌症
挨 愛護 愛情 愛心 安靜 安排 安全 安置 安裝
岸邊 暗 暗示 案件 按時 按照 熬 熬夜

B

八 巴不得 把 把關 把手 把握 爸爸 吧 罷了
掰 白 百 百分之 擺 擺開 拜訪 拜年 拜託
搬 班 班級 版本 半 辦法 辦公室 辦理 扮演
幫忙 幫助 榜樣 磅 棒 傍晚 包 包袱 包裹
包含 包括 包圍 包裝 包子 薄 飽 飽和 寶貝
寶貴 保持 保存 保管 保護 保留 保密 保姆 保守
保險 保證 抱 抱歉 抱怨 報酬 報道 報到 報名
報告 報社 報銷 報紙 爆發 暴力 悲哀 杯子 北方
北極 北京 倍 被 被動 被子 背 背誦 備份
貝殼 奔波 奔馳 本 本來 本科 本領 本能 本錢
本人 本身 本事 本質 笨 甭 蹦 鼻涕 鼻子
比 比方 比較 比如 比賽 比喻 彼此 筆 筆記本
臂 必定 必須 必然 必需 必要 畢竟 畢業 避免
鞭炮 編輯 邊界 邊境 扁 遍 遍佈 便 便利

便條 便於 變故 變化 辯護 辯解 辯論 辮子 標點
標記 標題 標誌 標準 表達 表格 表哥 表決 表面
表明 表情 表示 表現 表揚 表演 憋 別 別人
別墅 彆扭 賓館 冰 冰箱 冰雹 丙 餅乾 並非
並列 並且 病毒 病情 撥打 播放 播種 波浪 玻璃
博覽會 博物館 博士 伯父 脖子 不必 不但 不斷 不顧
不過 不見得 不客氣 不料 不耐煩 不像話 不要緊 補充 補救
補償 不 不安 不久 不得不 不得了 不得已 不妨 不敢當
不管 不好 不禁 不僅 不免 不然 不如 不時 不由得
不止 不足 布 佈告 佈置 步 步驟 部分 部門
部位

C

擦 猜 才 才能 財產 財富 財務 裁縫 裁判
裁員 材料 踩 採訪 採購 採納 採取 彩虹 彩票
菜 菜單 參觀 參加 參考 參與 餐廳 殘疾 艙
蒼白 倉庫 操場 操心 操作 草 草地 草案 草率
冊 測驗 側面 廁所 層 曾經 插 差別 差距
叉子 茶 查獲 岔 差 差不多 剎那 拆 柴油
攙 饞 產品 產生 顫抖 長 長城 長江 長途
嘗 嘗試 償還 常年 常識 場 場合 場面 場所
場地 敞開 倡導 唱歌 暢通 暢銷 抄 抄手 超過
超級 超市 超越 鈔票 朝 朝代 潮濕 嘲笑 炒
吵 吵架 車庫 車廂 撤銷 沉默 沉重 陳舊 陳列
趁 襯衫 稱心 稱呼 稱讚 盛滿 橙 乘 乘務員
乘坐 承擔 承諾 承認 承受 成本 成分 成功 成果
成績 成就 成立 成熟 成天 成為 成心 成語 成員
成長 程度 懲罰 誠實 城市 秤 吃 吃驚 吃苦
吃虧 吃力 遲到 持續 池塘 尺子 翅膀 赤道 赤字
沖 衝動 衝擊 衝突 充當 充電器 充分 充滿 充足
重疊 重複 重新 重陽節 寵物 抽空 抽屜 抽煙 丑
醜惡 臭 出 出版 出差 出發 出口 出路 出賣
出色 出身 出神 出生 出席 出息 出現 出租車 初步
初級 除 除了 除非 除法 除夕 廚房 處理 處置

穿 穿戴 船 船隻 傳播 傳單 傳遞 傳染 傳說
傳統 傳真 喘氣 串 窗戶 窗簾 床單 闖 創新
創業 創造 創作 吹 吹牛 錘 垂直 春 純
磁帶 詞典 詞彙 詞語 詞組 辭職 此外 刺 次
次品 次序 次要 伺候 匆忙 聰明 叢 從 從此
從而 從來 從前 從事 粗心 醋 竄 催 存
存在 錯 錯誤 村莊 措施

D

搭配 答應 答案 答辯 答覆 達成 達到 打扮 打包
打電話 打官司 打工 打架 打交道 打球 打量 打獵 打噴嚏
打擾 打掃 打算 打聽 打印 打仗 打招呼 打折 大
大不了 大方 大概 大夥兒 大家 大使館 大體 大象 大型
大意 大約 大致 呆 戴 帶 帶領 帶頭 代表
代價 代理 代替 大夫 貸款 待遇 擔任 擔心 單純
單調 單獨 單位 單元 耽誤 膽小 淡 淡季 淡水
蛋白質 蛋糕 誕生 但是 當 當場 當初 當代 當地
當面 當前 當然 當時 當事人 當心 當選 擋住 刀
島 島嶼 倒霉 導彈 導航 導演 導遊 導致 倒車
到 到處 到達 到底 到期 道德 道理 道歉 道家
道路 道地 盜竊 得力 得意 得罪 的 地 得
燈 燈籠 登 登記 登機牌 登陸 等 等待 等候
等級 等於 低 滴 的確 敵人 底 抵達 抵制
遞 遞增 地步 地道 地方 地理 地球 地區 地勢
地毯 地鐵 地圖 地位 地震 地址 地板 地面 地產
弟弟 第一 點 點頭 點心 典禮 典型 電池 電腦
電視 電台 電梯 電影 電源 電郵 雕刻 雕塑 掉
吊 釣 調查 調動 跌 丁 盯 頂 定
定期 定義 丟 丟人 冬 東 東道主 東西 懂
董事長 棟 凍 凍結 洞 洞口 動畫片 動機 動靜
動力 動身 動手 動物 動作 動不動 動作片 都 兜
逗 豆腐 都市 讀 讀者 獨立 獨特 毒品 賭博
堵車 堵塞 度過 肚子 端 端午節 短 短信 段
斷 斷定 鍛煉 堆 對 對比 對不起 對稱 對待
對方 對付 對話 對抗 對立 對聯 對面 對手 對像

對於 對照 兌換 兌現 隊伍 噸 蹲 頓 頓時
多 多虧 多麼 多少 多餘 朵

E

額外 噁心 餓 惡化 而 而且 而已 兒童 兒子
耳朵 耳環 二 鱷魚 噩夢

F

發 發表 發佈 發財 發愁 發呆 發動 發抖 發揮
發火 發覺 發明 發票 發燒 發生 發誓 發現 發行
發言 發炎 發育 發展 髮型 罰款 法律 法院 翻
翻譯 番 繁華 繁忙 繁體字 煩惱 凡是 反常 反倒
反對 反而 反覆 反感 反抗 反饋 反面 反思 反問句
反映 反應 反正 反之 範圍 飯館 方 方案 方便
方法 方面 方式 方位 方向 方言 妨礙 房東 房間
防止 防治 彷彿 訪問 放 放大 放棄 放手 放暑假
放鬆 放心 非 非常 非法 飛機 肥皂 肺 廢除
廢話 廢品 廢物 費用 分 分辨 分別 分佈 分寸
分紅 分開 分明 分配 分歧 分散 分手 分析 分鐘
分公司 吩咐 粉色 份 份量 憤怒 風暴 風度 風格
風光 風景 風氣 風趣 風俗 風味 風險 風力 風向
風水 豐富 豐盛 豐收 鋒利 瘋狂 否定 否認 否則
夫妻 夫人 扶 幅 服從 服氣 服務員 服裝 符號
符合 福利 福氣 輻射 腐朽 輔導 撫養 富 副
副作用 負擔 負責 附件 附近 復活節 複習 複印 複雜
複製 付款 婦女 父親 腹瀉

G

改變 改革 改進 改善 改正 蓋 蓋章 概括 概念
乾杯 乾脆 乾旱 乾淨 干預 乾燥 甘心 敢 感動
感激 感覺 感冒 感情 感受 感想 感謝 趕緊 趕快
干 幹活 剛才 剛剛 港口 崗位 高 高潮 高超

高檔 高峰 高級 高考 高明 高速路 高興 搞 稿件
告別 告辭 告訴 割 擱 胳膊 哥哥 歌唱 鴿子
隔壁 隔離 格式 格外 個 個別 個體 個性 個子
各 各自 各個 給 根 根本 根據 根源 跟
跟前 跟隨 跟蹤 耕地 更新 更正 更 更加 公佈
公告 公道 公交車 公關 公斤 公開 公里 公民 公平
公認 公式 公司 公寓 公元 公園 公證 公正 公主
供給 工廠 工程師 工夫 工具 工人 工業 工藝品 工資
工作 功夫 功課 功勞 功能 恭敬 共計 共同 貢獻
溝通 鉤子 狗 購 構成 孤單 孤立 姑姑 姑娘
姑且 估計 古代 古董 古老 股東 股份 股票 鼓掌
骨幹 骨頭 固定 固然 固體 顧客 顧慮 顧問 故事
故鄉 故意 故障 僱傭 颳風 掛 掛號 拐彎 枴杖
怪不得 關 關閉 關懷 關鍵 關係 關心 關於 關照
官 官方 觀察 觀點 觀光 觀念 觀眾 管理 罐
冠軍 慣例 光 光滑 光臨 光明 光盤 廣播 廣場
廣大 廣泛 廣告 廣闊 逛 規定 規範 規矩 規律
規模 規則 歸還 歸納 軌道 跪 貴 貴重 貴族
櫃台 滾 棍棒 鍋 國際 國籍 國家 國內 國慶節
國會 國產 國王 國債 國民 果斷 果然 果實 果汁
過 過程 過度 過分 過獎 過敏 過期 過去 過失
過問 過癮 過於

H

哈 嗨 嘿 還 還是 孩子 海拔 海濱 海關
海鮮 海洋 害怕 害病 含糊 含義 寒假 寒暄 寒冷
喊 汗 漢語 航班 航空 航天 航行 行列 行業
豪華 毫米 毫無 好 好吃 好處 好像 號 號碼
好客 好奇 呵 喝 河 和 和解 和氣 和睦
和平 和諧 何必 何況 合併 合法 合格 合乎 合夥
合理 合身 合適 合算 合同 合影 合作 核心 合資
盒子 嘿 黑 黑板 很 狠心 恨 恨不得 哼
橫 哄 烘 紅 紅包 洪水 喉嚨 猴子 吼
厚 後代 後果 後悔 後來 後面 後頭 候選 忽然

忽視 呼吸 呼籲 壺 蝴蝶 胡亂 胡說 胡同 鬍鬚
湖泊 糊塗 互聯網 互相 護士 護照 花 花朵 花生
花園 滑冰 划船 華僑 華裔 畫 化石 化學 化驗
化妝 劃分 話題 話筒 話梅 懷念 懷疑 懷孕 壞
歡樂 歡迎 還 還原 環境 緩和 換 幻想 患者
慌忙 慌張 黃 黃瓜 黃昏 黃金 皇帝 皇后 灰
灰塵 灰心 揮 恢復 回 回報 迴避 回答 回顧
回收 回憶 回去 回應 會 會議 會員 會談 匯
會費 匯報 匯率 婚禮 昏迷 渾身 混合 混亂 活動
活力 活著 活躍 火 火柴 火車站 火箭 火藥 夥伴
貨幣 獲得 或許 或者

J

基本 基地 基因 基金 機場 機動車 機關 機會 機靈
機密 機器 機遇 機智 雞蛋 激動 激發 飢餓 幾乎
積極 積累 肌肉 譏笑 極 極端 極其 極限 即便
即將 即使 級別 疾病 及格 及時 及早 急忙 急切
籍貫 集合 集體 集團 集中 吉祥 幾 給予 寄
寄托 繼承 繼續 記得 記錄 記性 記憶 記載 記者
季度 季節 季軍 計劃 計較 計算 寂寞 繫鞋帶 紀錄
紀念 技能 技巧 技術 既然 跡象 家 家常 傢伙
傢具 家屬 家庭 家務 家鄉 加班 加工 加油站 嘉賓
佳餚 夾雜 甲 假 假如 假設 假使 假裝 嫁
價格 價值 駕駛 煎中藥 肩膀 堅持 堅決 堅硬 監視
監獄 尖端 尖銳 艱難 兼職 揀 撿 剪刀 檢查
簡單 簡化 簡歷 簡體字 簡要 簡直 減肥 減少 件
濺 鑒於 間諜 間隔 見解 見面 見聞 健康 健全
健身房 建立 建議 建築 鍵盤 艦艇 將近 將軍 將來
將要 槳 漿 講 講究 講話 講座 獎金 獎勵
降低 降落 醬油 教 澆 交 交叉 交待 交換
交流 交涉 交通 交往 交易 交作業 驕傲 焦點 焦急
嬌氣 郊區 膠水 腳 角 角度 角落 餃子 叫
教材 教練 教師 教室 教授 教訓 教養 教育 較量
皆 接 接觸 接待 接近 接連 接受 接著 階段

街道 揭露 結實 節 節目 節日 節省 節約 節奏
傑出 結構 結果 結合 結婚 結局 結論 結束 結算
結賬 截至 解除 解雇 解決 解散 解釋 解說員 解開
姐姐 屆 借 借鑒 借口 借助 戒煙 戒指 介紹
界限 金融 金屬 金子 今天 緊 緊急 緊張 儘管
盡快 盡量 進 進步 進而 進化 進口 進行 進展
近 近代 近來 近視 盡力 晉陞 禁止 精彩 精簡
精力 精確 精神 精通 精心 經常 經典 經費 經過
經濟 經理 經歷 經商 經驗 經營 驚動 驚奇 驚訝
京劇 井 警察 警告 景色 頸椎 敬禮 竟然 競賽
競選 競爭 鏡頭 鏡子 糾正 究竟 九 久 酒吧
酒精 舊 救 救護車 救濟 就 就近 就業 就職
舅舅 居然 居住 局部 局限 橘子 舉 舉辦 舉動
舉行 具備 具體 劇本 巨大 聚會 拒絕 俱樂部 距離
據說 句子 捐 卷 決定 決賽 決心 覺得 覺醒
絕對 絕望 角色 軍事 均勻

K

咖啡 卡車 卡通 開 開除 開發 開放 開幕式 開始
開水 開門 開車 開會 開玩笑 開心 開展 開支 刊登
刊物 砍 看 看不起 看待 看法 看見 看來 看望
扛 抗議 考察 考核 考慮 考試 考驗 烤鴨 棵
磕 顆 顆粒 科目 科學 咳嗽 渴 渴望 可愛
可觀 可見 可靠 可口 可能 可怕 可是 可惡 可惜
可笑 可行 可以 刻 刻苦 課 課程 課題 克
克服 客觀 客戶 客人 客廳 啃 肯定 坑 空調
空間 空洞 空氣 空想 孔 恐怕 空白 空閒 口
口氣 口腔 口頭 口味 口音 哭 苦 褲子 誇
挎 跨 快 塊 快活 快樂 會計 筷子 寬
款待 款式 筐 曠課 況且 礦泉水 虧待 捆綁 困
困難 擴大 擴散

L

拉 垃圾 喇叭 辣 辣椒 蠟燭 啦 來 來不及
來得及 來歷 來源 來自 攔 藍 欄目 懶 爛
狼 朗讀 浪費 撈 嘮叨 勞動 勞駕 牢騷 老
老百姓 老虎 老師 老人 老實 老鼠 老闆 樂觀 姥姥
樂趣 樂意 了 雷 雷達 累 類 類似 冷
冷淡 冷靜 冷卻 楞 梨 離 離婚 離開 裡
里程碑 裡面 禮拜天 禮節 禮貌 禮物 理發 理解 理論
理想 理由 粒 立場 立即 立交橋 立刻 立體 立足
歷代 厲害 歷來 歷史 利率 力量 力氣 例如 例外
利潤 利息 利益 利用 倆 連 連忙 連年 連鎖
連同 連續劇 聯合 聯歡 聯絡 聯盟 聯繫 聯想 臉
練習 良好 良心 涼快 糧食 兩 亮 輛 晾
聊天 了不起 瞭解 淋 臨時 鄰居 鈴 零 零件
零錢 零食 凌晨 靈活 領導 領會 領事館 領土 領悟
領先 領袖 另外 溜 留 留念 留神 留學 流傳
流浪 流淚 流利 流露 流行 瀏覽 六 龍 聾啞
樓 摟 漏 爐灶 路 陸地 陸續 錄取 錄音
亂 輪船 輪流 輪胎 論文 論證 囉嗦 邏輯 落後
落實 旅遊 率 綠 律師 律詩

M

媽媽 麻煩 麻木 麻醉 馬 馬虎 馬上 馬戲 馬桶
嗎 嘛 埋沒 買 邁 賣 麥克風 脈搏 饅頭
埋怨 滿 滿意 滿足 慢 慢性 漫畫 忙 忙碌
貓 毛 毛病 毛巾 矛盾 冒充 冒險 貿易 帽子
玫瑰 枚 沒 沒關係 沒有 媒體 眉毛 煤炭 每
美觀 美麗 美術 魅力 妹妹 門 門診 門口 們
蒙 夢 夢想 罵 碼頭 瞇 迷路 迷人 謎語
米 米飯 密封 密碼 密切 蜜蜂 秘密 秘書 棉花
免得 免費 勉強 麵包 面對 面積 面臨 麵條 面子
描寫 苗條 秒 民間 民用 民族 敏感 明白 明明
明確 明天 明顯 明信片 明星 名次 名額 名片 名牌
名字 命令 命名 摸 抹 膜 磨 摩托車 模仿
模糊 模式 魔術 默默 陌生 墨水 謀求 某 模樣
母親 母語 目標 目的 目光 目錄 目前 目光 沐浴

木頭 木耳

N

拿 拿手 哪 哪怕 哪兒 那 奶奶 耐心 耐用
南 難 難道 難得 難怪 難過 難看 難免 難受
男人 腦袋 呢 內 內科 內容 內在 嫩 能
能幹 能力 能源 嗯 你 年 年代 年度 年級
年紀 年齡 年輕 念 鳥 捏 您 擰 凝視
寧可 寧肯 寧願 牛奶 牛仔褲 紐扣 扭轉 濃 濃厚
膿腫 農村 農曆 農民 農業 弄 努力 暖和 挪
女兒 女人 女士 女生 女子

O

哦 歐洲 歐元 藕 嘔吐 噢 偶爾 偶然

P

趴 爬山 拍 排除 排隊 排放 排列 排球 派
派對 派別 盤子 畔 判斷 判決 判刑 旁邊 胖
跑步 泡沫 陪 賠償 培訓 培養 培育 配合 配偶
佩服 盆 盆地 烹飪 朋友 捧 碰見 披 劈
批 批發 批評 批准 疲勞 皮膚 皮鞋 啤酒 脾氣
匹 屁股 譬如 篇 偏見 偏偏 便宜 騙 片
片斷 片刻 片面 飄 漂 漂浮 票 漂亮 頻道
頻率 頻繁 貧乏 貧困 品嚐 品德 品行 品種 乒乓球
憑 平 平常 平等 平方 平衡 平靜 平均 平時
平行 平原 評價 評論 蘋果 瓶子 坡 潑 頗
破 破產 破壞 破例 迫切 撲 鋪 葡萄 普遍
普及 普通話 樸 樸素 瀑布 盼望 攀巖

Q

七 期待 期間 期望 期限 欺負 欺騙 淒涼 妻子
騎 其次 其實 其他 其餘 其中 奇怪 奇跡 旗袍

齊全 歧視 起草 起初 起床 起飛 起來 起碼 起源
啟發 啟示 啟事 企業 器官 氣氛 氣功 氣候 氣色
氣味 氣象 汽油 掐 恰當 恰巧 洽談 牽 千
千萬 鉛筆 簽證 簽字 遷就 謙虛 錢 前面 前提
前途 潛力 潛水 淺 欠 槍 強烈 強 強調
搶 搶劫 搶救 強迫 敲 橋 橋樑 巧克力 巧妙
翹 切 親愛 親戚 親熱 親身 親自 勤儉 勤勞
青 青春 親少年 輕 輕視 輕鬆 清晨 清楚 清除
清淡 清理 清醒 傾向 傾斜 晴 晴朗 情況 情報
情理 情緒 請 請假 請柬 請教 請客 請求 請示
請帖 慶祝 窮 秋 丘陵 球迷 區別 區分 區域
曲折 娶 取 取消 曲 去 去年 去世 趣味
圈 全部 全面 權利 權力 拳頭 犬 勸 缺點
缺口 缺少 缺席 瘸 卻 確定 確立 確切 確認
確實 確信 群 群眾 裙子

R

然而 然後 染 讓 讓步 讓座 繞 熱 熱狗
熱愛 熱門 熱鬧 熱心 人 人才 人道 人格 人工
人家 人間 人口 人類 人民幣 人生 人士 人事部 人為
人物 人性 人員 人次 人參 忍不住 忍耐 忍受 認定
認可 認識 認為 認真 任何 任命 任務 任意 扔
仍 仍舊 仍然 日 日常 日記 日曆 日期 日益
日用品 日食 日子 仁慈 惹禍 容貌 容納 容器 容忍
容易 榮譽 揉 如果 如何 如今 入口 軟 軟件
弱 弱點 若

S

撒謊 灑 三 三角 傘 散文 散佈 散步 散發
嗓子 嫂子 色彩 色拉 森林 剎車 殺 沙漠 沙發
啥 傻 曬 刪除 山脈 閃電 擅長 擅自 善良
善於 扇子 商標 商店 商量 商品 商業 傷腦筋 傷心
上 上班 上當 上級 上進心 上網 上午 上癮 上游
上心 上學 上課 捎 稍微 勺子 少 舌頭 捨不得

設計	設想	社會	社區	射擊	涉及	攝氏度	攝影	誰
伸	深	申報	申請	身材	身份	身體	神話	神經
神奇	神情	神仙	神經病	什麼	審美	審查	甚至	升
生病	生存	生活	生命	生氣	生日	生物	生效	生銹
生孩子	生詞	生肖	聲調	聲明	聲音	聲譽	繩子	省
省會	省得	省事兒	省市	剩	盛開	盛行	勝負	勝利
詩	失敗	失眠	失去	失望	失誤	失業	失蹤	師傅
濕潤	屍體	獅子	拾	十	十分	十足	識別	時差
時常	時而	時候	時間	時刻	時髦	時期	時事	時裝
實話	實惠	實際	實力	實習	實現	實行	實用	實在
食品	食物	石頭	石油	使	使勁兒	使用	始終	是
是非	是否	試	試卷	試圖	試驗	勢力	士兵	市場
世代	世紀	世界	似的	示威	示意	釋放	事故	事件
事情	事實	事態	事物	事先	事業	適合	適應	視力
視線	收	收藏	收穫	收據	收入	收拾	收音機	手錶
手法	手工	手機	手勢	手術	手套	手藝	手指頭	首都
首先	守護	瘦	受不了	受到	受傷	售貨員	壽命	書
書法	書籍	書架	書面	書寫	書店	輸	輸入	蔬菜
舒服	舒適	叔叔	梳子	熟練	熟悉	數	鼠標	屬於
豎	束	樹	數額	數量	數目	數學	數字	數據
刷牙	耍	摔	甩	率	涮火鍋	雙	雙胞胎	雙方
爽快	水	水果	水利	水龍頭	水泥	水平	稅	睡覺
順便	順利	順序	說不定	說服	說話	說明	碩士	撕
絲綢	絲毫	司機	司令	思考	思念	思索	思想	私人
私自	死	死亡	四	四面	四肢	四聲	四合院	四處
四季	似乎	寺廟	送	艘	搜索	俗話	速度	塑料袋
宿舍	訴訟	酸	算	雖然	隨便	隨身	隨時	隨手
隨意	隨著	碎	歲	歲月	孫子	損壞	損失	縮短
縮小	鎖	所	所謂	所以	所有			

T

她	它	他	塌	踏實	塔	抬	台	颱風
台階	太	太極拳	太空	太太	太陽	態度	攤兒	談
談判	彈鋼琴	坦白	探望	歎氣	湯	糖	糖葫蘆	躺
倘若	燙	趟	掏	桃	逃	陶瓷	淘氣	討論

討厭 套 特別 特長 特點 特色 特殊 特意 疼
疼愛 踢足球 提 提出 提議 提綱 提高 提供 提前
提示 提問 提醒 題 題材 題目 體會 體諒 體面
體貼 體現 體育 天 天才 天空 天氣 天然氣 天生
天堂 天文 天真 甜 田徑 田野 填空 舔 挑
條 條件 條理 調和 調劑 調料 調皮 挑撥 挑戰
跳舞 聽 停頓 停止 亭台 挺 通常 通過 通俗
通訊 通用 通知 銅 同胞 同情 同時 同事 同學
同意 童話 統計 統一 統統 痛苦 痛快 頭髮 投票
投降 投資 透明 禿 突出 突然 圖案 圖書館 徒弟
途徑 土地 土豆 吐 兔子 團 團結 團體 團圓
推 推辭 推遲 推翻 推薦 推理 推銷 推拿 腿
退 退步 退休 退出 脫離 托運 妥善 妥協 妥當
橢圓 唾沫 脫 吞 臀部 托福

W

挖 娃娃 襪子 哇 歪 外 外表 外行 外表
外交 外界 外向 彎 丸子 完 完備 完成 完美
完全 完整 玩 玩具 玩意兒 碗 晚上 萬 萬分
萬一 王子 往 往常 往返 往事 往往 網絡 網球
網站 忘記 微笑 威望 威脅 威信 危機 危險 違背
違反 維生素 維修 唯獨 圍巾 圍繞 為難 為首 唯一
尾巴 偉大 委員 偽造 喂 胃 胃口 為 為了
為什麼 位 位於 位置 未來 未免 味道 衛生間 衛星
溫帶 溫度 溫和 溫暖 聞 文化 文件 文具 文明
文物 文學 文藝 文章 吻 穩定 問 問候 問題
窩 我 我們 臥室 握手 污染 屋子 無 無比
無從 無非 無聊 無論 無奈 無數 無知 勿 舞蹈
武器 武術 武俠 霧 誤解 誤會 物 物理 五
五花肉 五環旗 五言詩 五官

X

溪 西 西瓜 西紅柿 膝蓋 吸收 吸引 希望 夕陽
媳婦 習慣 習俗 洗 洗手間 洗衣機 洗澡 喜歡 系

系列 系統 細胞 細節 細菌 細緻 戲劇 瞎 霞
狹窄 峽谷 嚇 夏 夏令營 下 下午 下雨 下載
先 先後 先秦 先進 先前 先生 鮮艷 掀 纖維
弦 鹹 嫌棄 嫌疑 閒話 顯得 顯然 顯示 顯著
縣 現場 現成 現代 現金 現實 現象 現在 憲法
陷入 羨慕 餡兒 線 限制 香 香蕉 香水 香菇
香腸 相差 相處 相當 相等 相反 相關 相似 相同
相信 鄉鎮 詳細 想 想念 想像 響 響應 享受
巷 像 向 嚮導 向來 嚮往 項 項鏈 項目
橡皮 象棋 消除 消毒 消防 消費 消化 消極 消息
銷售 小 小吃 小伙子 小姐 小麥 小氣 小時 小說
小偷 小心 笑 笑話 效果 效率 孝順 校長 些
歇 斜 鞋 協會 協商 協助 寫 寫作 屑
謝謝 謝絕 洩漏 洩氣 新 新郎 新娘 新聞 新鮮
心理 心得 心情 心疼 心血 心臟 心眼兒 心上人 辛苦
辛勤 欣賞 薪水 信 信封 信號 信任 信息 信心
信用卡 信箱 信譽 腥 興奮 興旺 星期 行 行動
行李 行為 行人 形成 形容 形式 形態 形象 形狀
刑 醒 姓 性別 性格 幸福 幸好 幸虧 幸運
興趣 胸 兇手 兄弟 熊貓 修 修改 修建 修理
休息 休閒 繡 嗅 虛假 虛心 需求 需要 須知
許多 許可 酗酒 敘述 序言 宣佈 宣傳 懸掛 旋轉
選拔 選舉 選手 選擇 選民 學期 學生 學說 學位
學問 學習 學校 學歷 學費 血 血壓 血型 雪
燻肉 尋找 詢問 訓練 迅速

Y

押金 壓力 壓歲錢 牙膏 亞軍 亞洲 呀 煙花 鹽
延長 延期 延續 嚴格 嚴寒 嚴禁 嚴重 沿海 研究生
言論 炎熱 顏色 岩石 演出 演講 演員 演奏 演說
眼光 眼睛 眼鏡 眼色 眼神 眼下 眼淚 宴會 厭惡
陽光 陽台 羊肉 癢 養成 氧氣 樣品 樣式 樣子
腰 邀請 要求 搖 搖擺 搖頭 搖滾 搖晃 遙遠
謠言 咬 藥 要 要不然 要不是 要點 要命 要是
鑰匙 爺爺 也 也許 野蠻 頁 夜 業餘 葉

一 一流 依舊 依據 依靠 依賴 依然 衣服 醫生
醫院 一輩子 一旦 一定 一共 一會兒 一律 一切 一向
一樣 一再 一致 一直 一起 一次 遺產 遺傳 遺憾
遺失 移動 移民 疑問 儀式 乙 以 以便 以後
以及 以來 以免 以前 以往 以為 以至 以致 已經
椅子 億 亦 翼 一般 一邊 異常 意見 意料
意思 意外 意味 意向 意義 毅力 議論 藝術 義務
抑制 陰 因此 因而 因素 因為 音像店 音響 音樂
銀 銀行 隱患 隱瞞 隱私 隱約 引導 引起 引擎
引起 飲料 飲食 印刷 印象 嬰兒 應該 英俊 英雄
贏 迎接 迎面 盈利 熒屏 營養 營業 影響 影子
硬 硬幣 硬件 應付 應聘 應用 擁抱 擁擠 擁護
擁有 勇氣 勇於 永遠 用 用功 用戶 用途 優點
優惠 優勢 優先 優秀 優越 悠久 幽默 由 由於
郵局 遊覽 遊戲 游泳 油漆 油炸 尤其 猶如 猶豫
有 有利 有趣 有名 友好 友誼 又 右 幼兒
幼稚 魚 愚蠢 愉快 娛樂 漁人 於是 與 與其
語法 語氣 語言 羽毛球 羽絨服 宇宙 愈 預報 預訂
預防 預料 預算 預習 預先 預言 遇到 玉米 慾望
寓言 元 元旦 元首 元素 元宵節 圓 圓滿 原告
原來 原理 原諒 原料 原始 原先 原因 緣故 園林
遠 願 願意 約會 約束 越 月 月亮 閱讀
岳父 樂譜 暈 雲 允許 熨 運動 運輸 運算
運行 運用

Z

砸 雜技 雜誌 咋 災害 災難 宰 在 在乎
在意 再 再見 再三 咱們 贊成 贊同 讚揚 贊助
暫且 髒 糟糕 遭受 遭遇 早上 造成 造型 噪音
則 責備 責怪 責任 賊 怎麼 怎麼樣 增加 增添
增長 贈送 扎 紮實 眨 詐騙 摘 摘要 窄
沾光 粘貼 展示 展覽 展現 占 戰爭 佔領 占線
佔有 張 漲 長 長輩 掌握 丈夫 賬戶 帳篷
招待 招聘 招收 著急 著涼 著迷 找 照常 照顧
照料 照片 照相機 照樣 照應 召開 折 折價 哲學

這	著	真	真理	真相	真正	真實	珍惜	珍稀
珍珠	偵探	診斷	枕頭	陣	鎮靜	震動	震驚	睜
爭論	爭氣	爭取	爭議	蒸發	徵求	正月	掙扎	整個
整理	整齊	整體	正	正常	正當	正規	正好	正經
正確	正式	正義	正在	政策	政府	政權	政治	證件
證據	證明	證實	證書	掙錢	症狀	之	只	支
枝	支持	支出	支流	支配	支票	支柱	知道	知識
直	直播	直接	值班	值得	職位	職務	職業	植物
執行	執照	指	指導	指定	指揮	指甲	指令	指南針
指示	指望	指責	只好	只有	只要	治安	治理	制裁
制定	制度	製造	制服	制約	製作	致力於	智力	智能
智商	至今	至少	至於	質量	治療	志願者	鐘	忠誠
忠實	終點	終身	終於	終止	中斷	中國	中間	中介
中立	中文	中午	中心	中旬	中央	種	種子	種族
腫瘤	重	重點	重量	重視	重心	重要	州	洲
舟	粥	周邊	周到	週末	週年	周圍	縐紋	晝夜
株	豬	諸位	逐步	逐漸	竹子	拄	煮	主辦
主持	主導	主動	主管	主流	主權	主人	主題	主席
主要	主意	主張	祝	祝福	祝賀	住	住宅	註冊
註釋	注意	注重	助理	助手	著名	著作權	抓緊	專長
專家	專科	專利	專門	專題	專心	專業	磚	轉變
轉告	轉讓	轉移	賺錢	傳記	裝	裝飾	撞	幢
狀況	狀態	追究	追求	準備	準確	準時	桌子	捉摸
琢磨	著手	著想	卓越	資本	資產	資格	資金	資料
資深	資源	資助	姿勢	咨詢	滋味	紫	子彈	仔細
字	字典	字母	字幕	自從	自動	自發	自豪	自覺
自己	自然	自私	自信	自行車	自由	自願	自主	綜合
宗教	棕色	總裁	總共	總結	總理	總是	總算	總統
總之	走	走廊	走漏	走私	揍	租	租賃	足夠
組	組成	組合	組織	阻攔	阻止	祖父	祖國	祖先
鑽石	嘴	嘴唇	醉	最	最初	最好	最後	最近
尊敬	尊重	遵守	昨天	左	坐	做	做東	做生意
做主	座	座位	座右銘	作弊	作廢	作品	作為	作文
作息	作業	作用	作者